Agosto 2012.

Sergito la idea
conocer la experi[...]
Joven de otros padres,
Ojalá disfrute de la
lectura del libro y
practique aquellos
consejos que considere
importantes para
Andrés.
Con cariño

Maya

La nueva paternidad

Guía teórica y práctica
para el papá moderno

Luciano Rabasedas

La nueva paternidad
es editado por
EDICIONES LEA S.A.
Charcas 5066 C1425BOD
Ciudad de Buenos Aires, Argentina.
E-mail: info@edicioneslea.com
Web: www.edicioneslea.com

ISBN 978-987-634-163-9

Edición literaria a cargo de Rosa Gómez Aquino.

Primera edición, 3000 ejemplares.
Impreso en Argentina.
Esta edición se terminó de imprimir en
Octubre de 2009 en Printing Books.

Rabasedas, Luciano
   La nueva paternidad : guía teórica y práctica para el papá moderno
. - 1a ed. - Buenos Aires : Ediciones Lea, 2009.
   160 p. ; 22x14 cm. - (Nueve lunas; 10)

   ISBN 978-987-634-163-9

   1. Guía para Padres. I. Título
   CDD 649.1

Prólogo

Aún recuerdo con claridad aquella tarde de agosto de 1998 cuando mi esposa Valeria me confirmó lo que ya sospechábamos desde hacía un par de semanas: estábamos embarazados. En unos meses, uno de nuestros sueños más preciados se haría realidad: tendríamos un hijo.

Esa noche ninguno de los dos pegó un ojo: nos quedamos con la luz apagada, abrazados, mirando el techo y tejiendo sueños. Imaginamos cómo serían sus ojos, barajamos nombres de varón y de nena, y hasta pensamos en un jardín de infantes.

Hoy, más de diez años después, recuerdo esa noche como la primera en que fui padre. Aunque a Dante le faltaran aún muchos días para llegar al mundo y aunque Milena (nuestra segunda hija) aún no era ni siquiera un proyecto, yo atesoro esa noche del 5 de agosto como la primera en que fui padre, porque siento que empecé a serlo desde que tuve la confirmación del embarazo.

Al día siguiente, ya solo y rumbo a mi trabajo de aquel momento, comencé a pensar en qué tipo de padre quería ser. Y, como siempre que los hombres meditamos acerca de nuestra propia paternidad, empecé a recordar a mi propio padre. Fallecido hacía un par de años, honesto, intachable, responsable, íntegro… pero irremediablemente lejano. Un padre que había hecho que nada me faltara materialmente, pero que nunca había compartido conmigo una mañana de sol en la plaza. Un padre que jamás me había dicho algo tan simple como "te quiero". Un padre que rehusaba el contacto físico conmigo, el cual lo ponía notablemente incómodo.

Y, sin reproches interiores para ese padre que ya no estaba conmigo, comencé a modelar mentalmente al padre que yo quería ser, en cierta medida, como contrapartida del mío. Para realizar ese "modelado" comencé a fijarme cómo actuaban los padres con los que me cruzaba en la calle y en los diferentes espacios públicos y charlé largamente con mi esposa Valeria para conocer a fondo sus expectativas al respecto. Pero hubo un punto de inflexión en ese "modelado": el conocer a otros futuros padres en el curso de psicoprofilaxis del parto al que acudimos con Valeria. Allí pude entablar relación con otros hombres que se encontraban en la misma circunstancia que yo: a punto de ser padres por primera vez, felices y temerosos por ese hecho, y deseosos de ser los mejores padres posibles, pero sin saber cómo hacerlo. Junto a ellos, reflexioné mucho, compartimos lecturas (muchas de la cuales especifico en la bibliografía que se encuentra hacia el final del volumen), miedos, expectativas y datos y, de hecho, todos los testimonios que aparecen en diversos lugares de este libro pertenecen a mis compañeros de ese grupo de psicoprofilaxis del parto. Con casi todos ellos, nos seguimos viendo hasta la actualidad y compartimos asados de fin de semana junto a nuestros hijos y nuestras esposas.

Este libro es fruto de todas esas lecturas y reflexiones, de todas esas charlas con Gerardo, Sergio, Martín, Lucas, Sebastián, Norberto, Leonardo y Rolando. A ellos, mi más profundo agradecimiento.

Por supuesto, también mi enorme gratitud a Valeria, mi compañera.

Pero, por sobre todo, un inmenso "gracias" a Dante y a Milena: ellos son quienes, día a día, me paren como padre en un parto de amor cotidiano y continuo.

Luciano Rabasedas

Introducción

El surgimiento de la nueva paternidad

Estamos asistiendo a un cambio. Lento, gradual, progresivo. Resistido por algunas personas y bienvenido por muchas otras. Como todo cambio. Como toda modificación.

Es el pasaje de la paternidad tradicional a otra que podríamos denominar "nueva" o "moderna".

Es la metamorfosis de un padre observador de la familia a otro que es participante pleno de la misma.

Es la conversión de un arquetipo tradicional de padre caracterizado por la distancia en otro más próximo a sus hijos en todo sentido.

Es la transformación de una paternidad que ocupa un papel secundario frente a la maternidad hacia otra que tiende a igualar ambos aspectos.

¿Qué es lo que estamos viendo? ¿Cómo se registran esos cambios en la realidad concreta?

Estamos viendo (futuros) padres que concurren con sus parejas a los cursos de preparación del parto.

Estamos viendo cómo los padres dejan las salas de espera y entran a las de parto.

Estamos viendo padres que cambian pañales, preparan mamaderas y bañan bebés.

Estamos viendo hombres con sus hijos en las plazas y también los vemos en las góndolas de los supermercados mirando cuál de los dos tipos o marcas de pañales es la más conveniente para su bebé.

Estamos comprobando que cada vez más padres están presentes tanto en las reuniones de las escuelas como en la puerta de las mismas esperando a sus pequeños para retornarlos seguros a sus casas.

En suma: estamos viendo padres más involucrados en la crianza y el cuidado de sus hijos y, lo que es mejor, que no dudan en mostrarlo ni manifestarlo.

¿Cuándo, de qué manera y por qué comenzó esto? Un breve esbozo de tan compleja cuestión es el siguiente.

Algunas causas del surgimiento de la nueva paternidad

Como absolutamente todo lo que ha surgido en la historia de la humanidad, no lo hizo de un día para el otro, sino a través de un largo proceso. En el caso particular que nos ocupa, se trata de un proceso que comenzó hace décadas y que, por cierto, aún no ha finalizado. Algunas de las principales causas del origen de este nuevo modelo de padre más cercano a sus hijos son las siguientes:

Los movimientos sociales de la década del 60

La década de los 60 del siglo pasado no fue una década cualquiera, sino una que dejó una impronta profunda en la cultura de Occidente. Durante ella, se produjeron muchos cambios sociales y culturales: movimientos políticos del orden de lo revolucionario, nacimiento de la cultura hippie, emergencia y consolidación del movimiento feminista, etc. Entre todos los cambios surgidos y propuestos, las mujeres comenzaron a pedir la famosa "igualdad entre el hombre y la mujer" y entre las múltiples dimensiones de esa igualdad se encontraba el hecho de que los hombres se hicieran cargo de la parte que les correspondía en el cuidado de los niños de una pareja.

La entrada de las mujeres al mercado laboral

El nuevo rol de la mujer al que aludía en el punto anterior también se hizo patente en que esta comenzó a abandonar su rol exclusivamente doméstico y salió al mundo laboral ocupando desde puestos ejecutivos en grandes corporaciones hasta otros detrás de los mostradores de los comercios. En ese contexto, con una mujer que formaba parte del mercado laboral y ganaba su propio dinero, fue necesaria la reformulación de los roles tradicionales de "mujer-madre ama de casa y padre-hombre proveedor de dinero". Aún hoy en día, y tal vez más que nunca, el mundo, laboral no permite un disfrute pleno de los hijos (ni a las mamás ni a los papás) y es necesario crear nuevas estrategias para combinar trabajo, tareas hogareñas y crianza y cuidado de los hijos.

Las sucesivas crisis económicas

Las múltiples crisis económicas que nos azotaron y que aún lo hacen, profundizan más el hecho de que la mujer trabaje fuera de la casa, ganando de esa manera su propio salario. Es cierto que muchas de ellas ingresan y permanecen en el mercado laboral para sentirse más plenas al asumir un rol profesional o empresario. Pero también es verdad que muchas otras preferirían estar más tiempo en su casa con sus hijos, pero deben trabajar para sostener junto con su esposo la economía del hogar. Y no es justo que, si ambos trabajan codo a codo, la crianza de los hijos sea sólo una responsabilidad materna.

La conciencia de la importancia de un rol paterno más activo

Pero la nueva paternidad no es sólo fruto de cuestiones externas vinculadas a las crisis económicas mundiales y a la reivindicación de ciertos derechos femeninos. No es algo que los hombres suframos solamente a modo de consecuencia inevitable. A nosotros también nos ha pasado algo en las últimas décadas. Lamentablemente no todos, pero sí muchos, nos hemos dado cuenta de la importancia de jugar nuestro rol paterno de un modo más activo. ¿Qué quiere decir esto? Que nos hemos anoticiado de que ser padre puede ser y es algo mucho más rico que ver a nuestros hijos solamente desde que llegamos de nuestro trabajo hasta que se van a dormir; que adquirimos la certeza de que ser padres con todas las letras es ejercer nuestra creatividad y abrirnos a emociones más intensas; que hemos caído en la cuenta de que ser padres puede ser un importante, trascendental y positivo punto de ruptura con el pasado para pasar a ser punto fundacional de una actitud vital más rica. Nada más y nada menos.

Características del nuevo padre

Por supuesto, hay tantos nuevos padres o padres modernos como individuos debido a que cada persona es un ente absolutamente único y vivirá de manera distinta la propuesta de una paternidad más cercana y apegada a sus hijos. Sin embargo, si de caracterizar los principales rasgos de este nuevo padre se trata, no dudo en remarcar los siguientes:

• Comprende que la ternura no es un signo de debilidad.

• Entiende que la apertura emotiva no es algo amenazante.

• No separa las tareas que hacen al cuidado y crianza de los hijos entre "cosa de mujeres" y "cosa de hombres".

• Comparte la agenda de cuidado y crianza de los hijos con su pareja.

• Como consecuencia de esto último, pasa más tiempo con sus hijos.

• Por pasar más tiempo con sus hijos, la relación con ellos se torna más plena y profunda.

Con la nueva paternidad el amor y los cuidados tempranos dejaron de ser exclusividad de las mujeres y a ello se han sumado los hombres quienes, sin temor a perder su virilidad, participan desde el comienzo en la crianza de los hijos.

Algunos impedimentos para
el surgimiento de la nueva paternidad

A veces, la nueva paternidad no surge o no termina de surgir de una manera plena, porque se encuentra con múltiples escollos que se han ido cristalizando a lo largo de siglos y hasta de milenios a modo de creencias, mitos, costumbres e ideologías. Son las siguientes:

Sexismo o machismo

El sexismo o, más directamente, el machismo es tal vez el impedimento más profundo para que esta nueva paternidad se despliegue en todo su esplendor o, más simplemente, comience a manifestarse. Efectivamente, desde cierta mentalidad prevaleciente en algunos lugares de tradición latina o en el tercer mundo, no se considera que sea "cuestión de hombre" hacerse cargo de los niños.

Naturalización de la separación de roles familiares

Consecuencia directa y natural del punto anterior, el machismo trae aparejada una tajante división de roles sociales y dentro de la pareja, y ello, como no podía ser de otra manera, recae sobre la cuestión de la paternidad. De esa manera, a la mujer le corresponde todo lo que hace a trabajo doméstico y maternación de los niños, mientras que al hombre le concierne todo aquello vinculado a la esfera de la vida social y productiva. Dicho en otras palabras: el hombre va hacia el mundo externo a ocuparse de "cosas de hombres" (trabajo, política, vida pública, etc.) mientras que la mujer permanece en la esfera doméstica ocupada en "cosas de mujeres" tales como los quehaceres domésticos y el cuidado de los niños. Ello, indefectiblemente, hace que los niños crezcan y se desarrollen de forma muy cercana a su madre (lo cual es altamente positivo) pero irremediablemente lejana de su padre, lo cual no es en absoluto positivo.

Negación de la mujer a compartir su poder sobre los hijos

Justo es decirlo: si bien muchas mujeres no se encuentran nada cómodas con la situación descrita en los dos puntos anteriores, lo cierto es que cuando realmente la nueva paternidad intenta dejar de ser algo teórico y ponerse en acto, la mujer suele ofrecer resistencias, creando una situación en la cual ella sigue siendo la que "dirige" el hogar y comanda la crianza de los hijos y espera que el hombre sólo acate sus directivas. Se trata de una situación contradictoria (propia de todo período de cambio) donde se desea algo nuevo pero, al mismo tiempo, se añora la seguridad que proporciona lo que se está por dejar atrás. De esa manera, las mujeres reclaman o estimulan ciertos cambios en los hombres, pero cuando esas modificaciones se producen se muestran nostálgicas con el estado anterior. Un ejemplo que he visto no pocas veces: un papá intenta trabajosamente pero con enorme gusto entalcar el cuerpo de su bebé y su esposa un tanto molesta lo corre de lugar mientras le dice: "Dejá, dejame a mí que yo lo hago más rápido", lo cual lleva como subtexto el mensaje: "Dejame hacerlo a mí que lo hago más rápido (y, por ende, mejor) porque yo soy mujer y entiendo de estas cosas que para vos son extrañas, porque sos hombre". Y, seguramente, esa misma mujer se siente orgullosa y aliviada de contar con un compañero que se hace cargo de esa forma de la crianza de su hijo. ¿Cómo resolver tan enmarañada y contradictoria situación? Tal vez pensando y entendiendo que la intervención de hombres y mujeres en espacios y tareas considerados históricamente como "femeninos" no debe implicar una lucha de poder sino un espacio de ayuda, comprensión y esfuerzo mutuo en pos de una familia más plena y feliz.

Valorización positiva de la violencia

Lamentablemente —e insisto, aún de manera más acentuada en países tercermundistas de tradición latina— aún está bien visto y es valorado de forma positiva, ya sea de manera implícita o menos comúnmente de forma explícita, que el hombre sea agresivo, violento, intempestivo, "macho", etc. Ese es el mandato social que ha perdurado durante siglos y el hombre lo internaliza y lo hace carne en toda una serie de sentimientos y actitudes: bloqueo de emociones (especialmente aquellas consideradas "blandas" o "femeninas"), temor a mostrarse vulnerable, incapacidad para expresar miedos y dudas, pobreza de recursos expresivos para demostrar sus sentimientos, etc. Por lo tanto, quien se encuentra "preso" de ese mandato social se ve imposibilitado de mostrar toda una serie de actitudes y sentimientos que no son valorados positivamente en un hombre, tales como ternura, dulzura, cuidado, etc. y que resultan imprescindibles a la hora de construirse como un padre moderno y de dejar que surja la nueva paternidad.

Nueva paternidad: ventajas para todos

Sin embargo, cuando esta nueva paternidad se manifiesta y se ejerce, todo el grupo familiar se ve altamente beneficiado, en una suerte de sinergia positiva. A continuación detallo algunas de las ventajas de esta actitud para con el cuidado y la crianza de los hijos.

Para la madre

Siente y sabe que no está sola en la crianza de ese niño, por lo que puede —entre otras cosas— disponer de su tiempo personal de otra manera. Cuando en la pareja hay un padre moderno y no uno tradicional, la mujer puede terminar una carrera universitaria una vez que ha sido madre o bien continuar con su trabajo. Por supuesto, para todo ello se necesita una agenda compartida y una buena organización, pero es más que posible. El resultado es que las mujeres están, efectivamente, más desahogadas de sus obligaciones maternales y se *sienten más distendidas desde el punto de vista psicológico,* con todos los beneficios que ello conlleva para ellas y para el grupo familiar.

Para el padre

Puede *explorar distintas zonas de su emocionalidad y mostrarse afectuoso y cariñoso.* Muchos de los hombres que hoy tienen hijos se han criado de niños en un ambiente más frío en relación con su padre. Por el contrario, los padres actuales tenemos la posibilidad (si contamos con la valentía suficiente) de abrir un nuevo camino en cuanto a las relaciones con nuestros hijos, un sendero más pleno de conexión, comunicación y plenitud. De hecho, los hombres involucrados en este nuevo tipo de paternidad —y de hecho, de familia— cuentan que el contacto diario con sus hijos los "humaniza" y les permite tener experiencias más genuinamente humanas que raramente podrían tener en su vida pública, por ejemplo, en el trabajo.

Íntimamente relacionado con el punto anterior, se encuentra el hecho de que *le posibilita tener nuevas experiencias*. ¿Se imagina a usted mismo simulando que un bocado de zapallito sobre el tenedor es un avión que necesita imperiosamente aterrizar en la boca de su pequeño hijo? Yo tampoco lo hacía, pero le aseguro que cuando lo probé no me sentí nada mal... y hasta resultó muy divertido.

Por esas nuevas experiencias es que esta nueva paternidad tiene otra ventaja considerable que se encuentra un tanto más oculta: nos permite en cierta medida *recuperar el niño que aún llevamos adentro*. Podemos jugar con nuestros hijos y hasta inventar juegos. Y lo podemos hacer desde un lugar muy especial: retomando el niño que todo hombre tiene en su interior, pero desde un rol adulto que sirve de guía a nuestro hijo.

Contrariamente al modelo anterior de padre tradicional, el padre moderno *no está confinado a ser la fuente de disciplina de ese grupo familiar*, rol que muchas veces termina siendo agotador y siempre es restrictivo. Por el contrario, puede presentarse en una suerte de "frente unido" con su pareja en lo que a establecer normas se refiere.

Para la pareja

Mejora las relaciones de la misma. Compartir siempre es un buen camino para optimizar una relación. Y cuando la crianza del o de los hijos se reparte entre el padre y la madre, las relaciones de pareja suelen mejorar, precisamente, porque se acentúa esa idea de pareja (palabra que viene de *par*, "igual") y no, como en la forma tradicional, la división de tareas y trabajo que, como su nombre lo indica, divide: la mujer en el hogar con los hijos y las tareas domésticas, y el hombre en el mundo productivo exterior para traer el sustento, o sea, el dinero.

Para el niño

Crece con una *mayor presencia de figura paterna*, lo cual implica y conlleva múltiples beneficios. Entre los principales, puede contarse el hecho de que refuerza su autoestima: el pequeño siente que vale para su padre, que su padre lo "muestra", lo lleva con él, etc. En suma: que su padre es una presencia y una figura que está presente y cuenta en su vida diaria, y no una suerte de virtualidad o presencia eventual.

Siente que su red afectiva primordial es más extensa. En el modelo anterior (padre tradicional-madre tradicional) el niño percibía y entendía que, para encontrar cariño y mimos, debía apelar a su madre. Y que del lado de su padre no encontraba mucho más que control, disciplina, castigo y, eventualmente, algún premio. En síntesis: su madre representaba la cercanía afectiva y su padre, la distancia. Por el contrario, en el nuevo modelo de padre (y, por lo tanto, de familia) tanto el padre como la madre se encuentran emocionalmente próximos al niño y eso *le genera al pequeño sentimientos de tranquilidad emocional y psicológica.*

Como se podrá apreciar, el nuevo modelo de paternidad redunda en beneficios para todos los miembros de la familia. Y, si la familia se siente mejor y funciona mejor, sucede otro tanto con la sociedad que no es, sino, un conjunto de familias.

Para finalizar este capítulo introductorio y antes del recuadro con sugerencias para reflexionar un último tema que, cuando yo me anoticié de él, quedé gratamente sorprendido.

La naturaleza está del lado de la nueva paternidad

Así como lo lee. Un estudio elaborado por investigadores de diversas universidades norteamericanas revela cambios significativos en el equilibrio hormonal masculino a partir de la llegada de la paternidad. Según el informe resultante de este estudio efectuado sobre 126 varones de entre 21 y 38 años, la paternidad reduce los niveles de testosterona (hormona sexual masculina y responsable en buena medida de la agresividad y la violencia históricamente asociada a este género) haciendo que los hombres se comporten de manera más civilizada. La explicación que los investigadores han encontrado a ello es que se trata de un mecanismo que permite evitar la agresividad excesiva hacia los hijos, al tiempo que también reduce los deseos de "competencia sexual" por lo que quienes son padres están hormonalmente más preparados para participar en el cuidado de los niños en lugar de estar compitiendo en el "mercado de ofertas sexuales". Por lo tanto, si la misma naturaleza nos está allanando el camino hacia una nueva paternidad más participativa ¿por qué no aprovecharlo?

Comenzando a entender la nueva paternidad: para reflexionar

- Si superamos los roles sexistas y los estereotipos nos daremos cuenta de que el cuidado, la crianza y la educación de un niño no son cosas de mujeres ni de hombres: son actitudes y prácticas que todos podemos aprender.

- No se trata de competir por la jefatura del hogar ni por la "posesión" de los hijos sino de entender que son responsabilidades compartidas.

- Nueva paternidad implica también nuevo modelo de pareja y de familia, pensadas ambas desde roles menos estereotipados y fijos.

- Se trata de un camino nuevo: estamos innovando al respecto y no tenemos modelos a seguir. Por eso seguramente, cometeremos equivocaciones. Pero es un desafío fascinante y enriquecedor. Y lo es tanto para los hombres como para el resto de la familia

- Muchas veces, sólo se trata –simple y maravillosamente– de ser con nuestros hijos como hubiéramos querido que nuestro padre fuera con nosotros.

Parte I

Camino a ser un papá moderno

Capítulo 1

El nuevo padre durante el embarazo

¿Cuándo se comienza a ser padre? No hay una respuesta única a esa pregunta.

En mi caso, tal como lo cuento en el prólogo de este mismo volumen, sentí que empezaba a serlo cuando se confirmó el embarazo.

Algunos hombres relatan que sólo empezaron a sentirse como tales cuando su hijo comenzó a hablar. Es el caso de Gerardo, quien me contó no del todo exento de culpa: "Yo era perfectamente consciente de que con María habíamos buscado el embarazo, que no había llegado de sorpresa. Sin embargo, esa panza que crecía semana a semana no me producía ninguna emoción verdaderamente profunda. A eso se le sumaban todas las molestias que sentía ella, con lo cual entre vómitos, acidez de estómago, náuseas y calambres, se me hacía difícil sentirme arrobado ante la futura llegada de un hijo. Y ¿la verdad? Cuando llegó Matías fue peor. Ese ser pequeño que sólo lloraba y dormía tampoco me producía nada verdaderamente especial. Con decirte que llegué a pensar que yo tenía algún problema tipo bloqueo emocional grave. Creo que todo cambió una tarde cuando yo volví de la oficina. Matías tendría unos 10 meses, María le estaba dando de comer y, en cuanto me vio, el gordo dibujó una sonrisa inmensa de oreja a oreja. Creo que ahí empecé a conectar de verdad con él, eso fue cada vez más profundo y el otro gran *click* fue cuando empezó a hablar. Ahora, te puedo decir que no hay un solo día donde el sentimiento de paternidad no se haga más fuerte. O bien porque trae una buena nota del colegio y me enorgullezco como nunca antes me había pasado con nada ni con nadie porque pienso 'Es mi hijo' o bien cuando descubro medio enojado que no le gustan cosas que a mí me encantan y pienso: '¿Cómo puede ser que no le guste si es mi hijo?' ".

Otros hombres, en cambio, sufrieron en su momento lo que yo llamo "el síndrome de la ecografía". Es el caso de Norberto, quien relata: "Yo sabía que Mariela estaba embarazada ¿Cómo no saberlo con los vómitos en cada mañana, los antojos y el resultado del análisis que confirmaba sin lugar a dudas que íbamos a ser padres en un par de meses? Sin embargo, todo fue distinto cuando la acompañé a la primera ecografía y la doctora dio vuelta la pantalla y nos mostró el corazoncito de Abril latiendo. Allí no sentí que Mariela estaba embarazada, sentí que yo estaba viendo a *mi* hijo o hija. No sé si se entiende la diferencia, pero para mí fue muy fuerte y cambió mucho todo. Ahí empecé a tener muchas más ganas de que llegara el fin de semana para pintar su cuarto o me encontraba en medio del trabajo entre planillas y en babia pensando qué jardines de infantes había cerca de casa para evitar los grandes traslados".

Otros, aún más precoces, comienzan a sentirse padres en el mismo momento en que suponen casi con seguridad el hecho de que han fecundado a su mujer y un hijo de ambos se está gestando en su interior. Pero, lo cierto, es que son los menos.

En general, la mujer ya percibe a ese hijo que crece dentro de ella y puede imaginarlo desde el mismo momento en que siente sus pechos más inflamados, su período menstrual se ausenta y las náuseas se convierten en sus compañeras matinales. La mayoría de los hombres, en cambio, un tanto lejanos de ese proceso corporal que tiene lugar, necesitamos una suerte de "pruebas" más palpables y contundentes para que nos empiece a picar el bichito de la paternidad. Y cuanto antes nos podamos exponer a él, mejor será. Mejor para nuestra pareja que se sentirá acompañada desde más temprano en el camino de ser madre, mejor para el pequeño por venir que sentirá el respaldo paterno aun desde el vientre materno y, por supuesto, mejor para nosotros mismos que comenzaremos a ser conscientes de que empezamos a transitar una de las más gratificantes y hermosas aventuras que nos puede deparar la vida: la paternidad.

Pero, por supuesto, como un padre no nace sino que se hace, existe toda una serie de actividades, actitudes y tareas que usted puede emprender durante el embarazo, de manera tal de ir acercándose cada vez más a ese ser que es su hijo al tiempo que, como ya lo dije un poco más arriba, se constituye en pilar de apoyo para su pareja. Y, por supuesto, toma conciencia y disfruta de un momento de espera y plenitud absolutamente irrepetibles en la vida de todo hombre. Son las siguientes.

Acompañe a su pareja a las clases de preparación para el parto

Hasta hace un par de décadas, la sola idea de encontrar un hombre en una clase de psicoprofilaxis del parto hubiera parecido sacada de una película de ciencia ficción. Sin embargo, si usted tiene la valentía y el placer de acompañar a su pareja a él, verá que no son pocos los padres que se hacen presente allí para compartir con su compañera información acerca del embarazo y del parto, al tiempo que se capacitan para la futura tarea de acompañante en el trascendental momento del parto. Si usted decide concurrir, no sólo hará sentir más acompañada y contenida a su pareja. También tendrá más elementos prácticos y concretos para ayudarla durante el parto ya que le harán conocer, por ejemplo, las distintas técnicas respiratorias adecuadas a cada momento del mismo. Y, último, pero no por eso menos importante, tendrá un beneficio extra invalorable: podrá conocer a otros hombres que se encuentran en su misma situación y con los cuales podrá conformar una suerte de grupo de autoayuda con quienes compartir dudas, experiencias, zozobras y alegrías de la paternidad, tanto futura como presente. Yo aprendí a disfrutar mucho de las clases y lo cierto es que junto a Valeria nos hemos hecho allí de un grupo de amigos con los que aún continuamos viéndonos hoy día, cuando nuestros hijos ya están en edad escolar.

Comparta la consulta médica

Como usted tal vez ya lo sepa, todo embarazo requiere un seguimiento médico periódico. Ello no significa que su pareja esté enferma o que algo anda mal con el bebé, sino que se trata de una conducta preventiva y responsable para que todo el proceso del embarazo y el nacimiento se lleve a cabo de la mejor manera posible. Ese seguimiento médico implica la realización de análisis de sangre, ecografías para ver el estado del bebé y consultas médicas donde se evalúan esos resultados, se revisa a la futura mamá, se controla su peso, etc.

Mi recomendación es que, en la medida de lo posible, acompañe a sus parejas a esas consultas. Eso hará que ella se sienta más contenida y usted podrá evacuar sus propias dudas y consultas con el profesional a cargo.

Contenga emocionalmente a su pareja

Si el embarazo es un momento de grandes ilusiones, pero también de dudas y planteos para el hombre (ver recuadro "Dudas e inquietudes...") lo es aun de manera más potente para la mujer que es quien está poniendo, literalmente, el cuerpo en ese proceso. Ese proceso, además, conlleva toda una revolución hormonal y, como usted tal vez ya lo sepa, las hormonas tienen una poderosa influencia sobre los estados anímicos y emocionales.

En suma: se trata, para ella, de una montaña rusa de emociones que va a una velocidad mucho más rápida de la que puede ir la suya. Por lo tanto, será primordial que se arme de paciencia y que contenga emocionalmente a su pareja, aunque ello implique en buena medida dejar un poco de lado sus propias necesidades. Ella podrá pasar de la feliz emoción de sentirse ya una mamá al miedo porque todo no salga tan bien como lo desea. Asimismo, es posible que por momentos se encuentre triste, temerosa o ansiosa sin ni siquiera poder explicarse a ciencia cierta por qué. Sepa que todo eso puede pasar (casi con seguridad, va a pasar) y sería maravilloso que usted estuviera fuerte y contenedor desde lo emocional para contenerla.

Por supuesto ello no implica de ninguna manera que no comparta sus propios miedos e inquietudes con su pareja. Pero hágalo cuando ella se encuentre serena y no cuando experimente sentimientos parecidos.

Prepare el cuarto del bebé

Esa es una excelente manera de sentirse padre aun antes de que su bebé haya, efectivamente, arribado al mundo exterior. Decidir de qué color pintar o empapelar la habitación (y, eventualmente, también pintarla o empapelarla), ir de compras para adquirir la cuna o escoger el móvil que colgará sobre ella, son actividades altamente gratificantes y que siempre se hacen mejor en pareja que en soledad. ¿Cómo explicarle la emoción que sentí cuando Valeria y yo descubrimos que estábamos de acuerdo en empapelar la habitación con el mismo papel dibujado con globos de colores pastel? Sólo cuando usted viva esa situación u otra similar podrá entender cabalmente y con el corazón de qué le estoy hablando.

Preparando un cuarto muy especial

Si usted tiene ganas y cierta habilidad artística, puede prepararle a su hijo por venir un cuarto muy especial. En realidad, creo firmemente que se trata de tener más ganas que habilidad artística, ya que esta última bien puede reemplazarse por diseños prefijados. ¿De qué estoy hablando? De ir pintando, de a poco y a lo largo de los nueve meses o tal vez un poco menos, los muebles y el cuarto de su pequeño de una manera muy especial, con diseños infantiles. Cuando Valeria y yo esperábamos a Dante, decidimos hacer eso, pero como ninguno de los dos es especialmente ducho para dibujar y temíamos, simplemente, arruinar las paredes del cuarto o la madera del ropero, decidimos lo siguiente. Le contamos la idea a nuestro amigo Gustavo (un artista plástico), él realizó los bordes de las siluetas y a nosotros no nos quedó sino la tarea de rellenarlas con pintura colorida. Lo ideal es elegir un tema (más abajo hablo de ello en detalle) y a partir de él, ilustrar con diferentes figuras alusivas a ese tema distintos sectores o muebles del cuarto del bebé: alguna de las paredes, la mesa de luz, el ropero, etc. Es bueno no recargar demasiado: si opta por las paredes, que sea solo una, no las cuatro y si se decide por el ropero, tal vez sea buena idea no agregar también la mesa de luz. Y un dato de oro que pocos padres conocen o se paran a pensar: el bebé durante su primer año de vida pasará buena parte de su tiempo acostado y mirará al techo. Y el cielorraso es, por lo tanto, uno de los primeros lugares a tener en cuenta para pintar y decorar con un tema. Efectivamente, las personas adultas rara vez miramos un techo y, si lo hacemos, es por alguna razón en especial, tal como ver si necesita una mano de pintura o si existe alguna filtración de agua que provenga del piso superior. En general, nuestro foco de atención apunta mayormente a las paredes. Sin embargo, el punto de vista de un niño de menos de un año es exactamente el opuesto: casi ni mirará las paredes, pero pasará horas mirando el cielorraso.

¿Qué temas pueden servir para esta decoración tan especial? Yo he pensado las siguientes pero, seguramente, a usted se le ocurran algunos otros. Por si no es así, le comento mis alternativas:

Mundo submarino: esta es mi preferida y, de hecho, la que elegimos con Valeria ante la llegada de Dante. Se trata de pintar el fondo de un color celeste muy claro o verde agua (siempre es bueno que no haya preeminencia de colores fuertes u oscuros) y, sobre él, pintar estrellas de mar, peces de colores variados y algas.

Cielo: es el tema preferido de mi pareja y, de hecho, el que elegimos para el cuarto de Milena. Aquí también se trata de pintar el fondo de un color celeste muy claro y añadirle algunas esponjosas nubes blancas, pájaros, un sol y, por qué no, un multicolor globo aerostático.

Circo: el fondo puede ser de cualquier color (recuerde, siempre se recomiendan los pasteles, o sea, suaves) y sobre él, por ejemplo, algún par de payasos y un trapecista.

Le aseguro que pasar parte de las tardes del fin de semana pintando esos dibujos, mientras escucha su música preferida y toma alguna bebida de su agrado es un antídoto muy eficiente contra el estrés laboral de la semana. Y le permitirá ir generando y potenciando el vínculo con su hijo aun antes de que este haya nacido.

Concurra a la compra de ropa y el ajuar

De la misma manera en que es altamente gratificante comprar los muebles para el cuarto del futuro niño, también lo es participar y tener una presencia activa en la compra de la ropa.

Cuide la alimentación de su pareja

Durante el embarazo, una nutrición sana y completa será fundamental, tanto para la salud del bebé como para la de la futura mamá. Por supuesto, en este punto se impone (como en todos los demás) seguir al pie de la letra las indicaciones del médico a cargo del seguimiento del embarazo. Pero a grandes rasgos puedo contarle que la alimentación adecuada para un embarazo tiene dos pilares: abundancia de ciertos alimentos saludables y nutritivos, y prescindencia de los perjudiciales. Los alimentos a consumir son: verduras y frutas frescas, lácteos descremados, carnes sin grasa (de vaca, pescado y pollo), granos de cereales, legumbres, frutas secas, huevos y líquido sin alcohol en abundancia. Por el contrario, los alimentos a evitar son las bebidas alcohólicas, y en la medida de lo posible, las gaseosas, el café, las achuras, los lácteos enteros y todo lo altamente elaborado e industrializado, como los fiambres, embutidos, la mayonesa, las salchichas, las sopas y caldos instantáneos, etc.

Sabido esto, trate de ayudar a su pareja a llevar esa alimentación sana y nutritiva: hagan la compra semanal juntos, sugiérale alternativas saludables, ayúdele a vencer la tentación de caer en el consumo de algún alimento inconveniente y, sobre todo y muy especialmente, no consuma delante de ella algún alimento prohibido. Le aseguro que a su pareja le costará mucho cenar una sopa de verduras si usted se encuentra frente a ella comiendo una pizza gigante con longaniza. En mi caso particular, yo había adoptado como política (en ambos embarazos) dejar las comidas inconvenientes para afuera y para cuando no me encontrara con mi pareja, y llevar una conducta ejemplar al respecto dentro del hogar o cuando salía a comer con ella. De esa manera, en estas últimas circunstancias optaba por variadas ensaladas de vegetales, pechugas de pollo asado y abundantes ensaladas de fruta a modo de postre, y reservaba para la soledad los "pecados" del salamín y los helados de crema. Todos podemos hacerlo. Sólo es cuestión de ser conscientes de ello.

Ayúdela en las tareas domésticas

Si no cuentan con una asistente que venga a realizar la limpieza, es una excelente idea que usted la ayude con las tareas domésticas, especialmente con aquellas que resultan más pesadas. Algo primordial: si en casa cuentan con uno o más gatos a modo de mascotas, hágase usted cargo de limpiar la bandeja de heces. Estas pueden contener microbios de toxoplasmosis, una enfermedad que podría resultar de mucha gravedad para el bebé.

Realice alguna actividad física con su pareja

Contrariamente a décadas anteriores, en las cuales a una mujer embarazada se le recomendaba no mover mucho el cuerpo, hoy se sabe que lo más benéfico es exactamente lo contrario. Por supuesto, no se trata de poner en riesgo la salud del bebé ni de la futura mamá con deportes extremos, pero las caminatas, el ciclismo, el yoga y la natación están altamente recomendados, salvo casos de embarazo de riesgo. Si usted puede acompañar a su pareja en alguna de estas actividades, ella se sentiría más acompañada y usted también se llevaría la ventaja adicional de tener un cuerpo más en forma.

Deje de fumar

Si usted conserva aún este nocivo hábito y se ha planteado alguna vez la posibilidad de abandonarlo, el embarazo es un excelente momento para hacerlo. Su pareja (en caso de que también sea fumadora) no fumará durante la gestación debido a que los malestares propios de esta etapa quitan por completo las ganas de fumar y, en caso de que estas aún persistan, no deberá hacerlo debido a sus altas contraindicaciones. Por lo tanto, el cigarrillo deberá quedar descartado del ámbito hogareño. ¿Qué mejor momento para desterrar tan insalubre costumbre? Personalmente, yo tiré mi último cigarrillo cuando mi pareja me confirmó su primer embarazo. Y nunca he vuelto a encender otro.

Resérvese unos días libres para después del nacimiento

Si usted trabaja en relación de dependencia sería bueno que, con la mayor anticipación posible, planteara en su empleo la posibilidad de tomarse unos días libres luego del nacimiento de su hijo. Eso le permitirá ayudar a su pareja en el difícil periodo posterior al parto y le posibilitará conocer mejor y más rápido a su hijo, estableciendo y fortaleciendo el vínculo ya desde los primeros días. En mi caso particular, fue en esos primeros días cuando puse a Dante desnudo por vez primera sobre mi pecho también desnudo y sentí que mi paternidad se desplegaba en todo su esplendor. No se prive de ello. Una alternativa es tomarlos a cuenta de sus próximas vacaciones.

Dudas e inquietudes normales de un futuro papá (para no sentir culpa)

¿Poder disfrutar del embarazo y comenzar a sentirse padre durante él, implica un estado de felicidad constante donde no hay lugar para las dudas, las inquietudes, las inseguridades y los miedos? *De ninguna manera.* Hasta me atrevería a decir que es exactamente lo opuesto. Desde el momento en que se vive la paternidad aún estando el hijo en el vientre materno, las dudas y todos los sentimientos no del todo agradables que acabé de mencionar resultan compañeros casi sin excepción, debido a que somos conscientes de todo lo hermoso y lo arriesgado que supone traer y ser responsables de una nueva vida que llega al mundo. Algunas de las dudas más comunes y frecuentes son las siguientes:

- ¿Podré ser el padre que deseo ser?

- ¿En qué medida y de qué manera este hijo por venir cambiará mi vida?

- Y en relación a mi vida de pareja ¿qué cambios traerá?

- ¿Cómo será la relación con mi pareja una vez que ella deba ocuparse del bebé?

- ¿Podré o podremos darle todo lo que necesita?

- ¿Qué sucederá si no puedo ser siempre lo suficientemente solvente desde el punto económico para cubrir todas sus necesidades?

- Si mi hijo no es tal como lo imagino o deseo ¿cómo haré para aceptarlo?

No se sienta culpable por plantearse estas dudas y/o preguntas y vaya hasta el fondo de usted para encontrar la respuesta. Y si no la halla, no pierda el sueño. A veces, se van contestando a medida que el tiempo transcurre y se ejerce la paternidad.

El asombroso síndrome de couvade

Si hay hombres que participan activamente en el embarazo de su pareja son, sin dudas, aquellos que se ven afectados por el síndrome de couvade. Se conoce con ese nombre a una afección no del todo rara que sufren los hombres que se identifican en grado extremo con la situación de embarazo de su pareja. De esa forma sufren los mismos síntomas (o algunos de ellos) que caracterizan al embarazo: náuseas, mareos, antojos, cambios de humor, cansancio y hasta vómitos y dolores abdominales similares a las contracciones uterinas. ¿Por qué se produce una identificación y mimetización tan profunda que llega a afectar el mismo funcionamiento orgánico del varón? Hasta ahora los científicos no se han puesto de acuerdo al respecto. Algunos de ellos sostienen que el síndrome de couvade se encuentra relacionado con los cambios hormonales que se operan en la mujer a lo largo del embarazo. Esos cambios, a su vez, emitirían una serie de señales químicas que serían captadas inconscientemente por su compañero, lo que provocaría los síntomas en cuestión. Una segunda postura, también vinculada con las hormonas, señala que los hombres inmersos en una situación de paternidad (aun futura) comienzan a segregar cierto tipo de hormonas que serían las responsables de estos cambios. Por último, un tercer grupo de estudiosos, más volcados hacia lo psicológico, descartan las hipótesis hormonales y suscriben la idea de que se trataría de la somatización de la identificación con la situación de la mujer. Se cual sea la causa, varios trabajos de investigación afirman que se trata de un síndrome sufrido por un porcentaje que va del 10 al 65% de los hombres "gestantes" y que 1 de cada 4 hombres consulta al médico por estos síntomas. ¿Cómo se ve a usted mismo con unas ganas irrefrenables de comer helado de frutilla en el medio de la noche?

El sexo durante el embarazo

Tema tabú durante muchísimo tiempo, por suerte, hoy puede hablarse de manera más franca de esas dos cuestiones que antes aparecían como una suerte de agua y aceite que nunca podían ni debían mezclarse: embarazo y sexo, relaciones sexuales y gestación, placer sexual y preñez.

Y aunque aún genere un poco de pudor el tocarlo, es necesario hacerlo debido a que, así como las mujeres tienen su mochila de dudas y preocupaciones en cuanto a este binomio, los hombres también tenemos las nuestras que en algún punto son coincidentes y en otras no.

¿Qué situaciones más o menos conflictivas pueden darse en cuanto a la vida sexual durante el embarazo?

Una de las situaciones típicas que puede generarse es que el hombre tema entablar una relación sexual tradicional, esto es, con penetración vaginal. Uno de los testimonios recibidos a lo largo de la investigación que encaré para escribir este libro relata lo siguiente: "Durante los primeros meses mantuvimos una vida sexual casi idéntica a la anterior al embarazo. Sin embargo, cuando Gisela entró más o menos en el sexto mes, la panza comenzó a ser verdaderamente contundente, toda una panza hecha y derecha. Y los movimientos del bebé se sentían mucho. Y yo pensaba: "¿Y si lo lastimo? ¿Y si al empujar lo hago golpearse contra algún lugar?". No sé si las preguntas eran tan claras y se aparecían de esa manera en mi mente, pero esas eran exactamente las visiones que tenía y que no me resultaban precisamente excitantes", cuenta Lucas. Martín, por su parte, señala: "Después de haber perdido dos embarazos, la verdad es que la idea de tener relaciones si mi pareja está embarazada, me espanta bastante. Creo que esa es la palabra exacta: espanto. Supongo que no podría estar conectado verdaderamente con ella ni con lo que está pasando a nivel erótico: simplemente creo que estaría pensando en que tal vez lastimo al bebé con algún movimiento". Por último, Sergio relata: "Yo no sé si decirte que sentía miedo o temor. Era otra cosa, se parecía más a la vergüenza, a sentir que estaba invadiendo un lugar que no me pertenecía. Durante los primeros meses todo lo sexual funcionó como antes del embarazo, sobre todo después de que pasó el primer trimestre y a Patricia se le pasaron los malestares. Sin embargo, fui yo quien en los últimos meses sentía que éramos tres: ella, yo y el bebé, y que penetrarla era como decirle al bebé: 'Acá estoy, yo correte'. Me da un poco de vergüenza decírtelo y en su momento me daba mucha vergüenza ante el bebé".

Otra de las situaciones típicas que unen de manera un tanto conflictiva (pero no irresoluble) al sexo y al embarazo es el hecho frecuente de que el hombre mantiene el deseo por su pareja pero esta, por razones varias, no desea tener relaciones sexuales. Volvamos a los testimonios y comencemos con el de Leonardo quien comenta: "Cuando supe que mi mujer estaba embarazada fue como si se redoblaran mis impulsos sexuales. Me parecía súper excitante saber que esa mujer hermosa y que me había elegido para vivir con ella gestaba un hijo mío en su interior. Pero se ve que a ella no le pasaba lo mismo (risas). En el primer trimestre fueron las náuseas y los malestares típicos de ese momento. Y en el segundo mejoró, pero en el tercero fue como que se instaló en otro plano, como que estaba medio ausente de mí y tocándose la panza todo el tiempo. Y yo sentía que si la 'requería' para tener relaciones la estaba sacando de un romance ideal que ella tenía con su panza". Por último, Rolando describe lo conflictivo del tema del sexo durante el primer embarazo que vivieron con su mujer, Leticia: "Fue algo bastante difícil de manejar. No durante el primer trimestre en que yo veía claramente que estaba mal, con vómitos y malestar, sino durante el resto del embarazo. Fue como si su deseo se hubiera apagado, más allá de que tenía mucha energía para hacer otras cosas. Y yo me excitaba viendo su cuerpo que cambiaba y que seguía siendo hermoso, o hasta se embellecía más y ella no quería tener relaciones, y eso me frustraba y ella no entendía bien mi frustración… ¡uf!: todo un lío".

Las dos situaciones básicas que acabamos de relatar y de ejemplificar (temor por parte del hombre a dañar al niño que crece en el interior del cuerpo materno y descenso drástico del deseo de la mujer sin que suceda otro tanto con el del varón) no son las únicas, pero sí las que de alguna manera condensan los dos grandes grupos de dificultades a la hora de gozar de una relación sexual con penetración vaginal durante el embarazo.

Sí, entonces, hay estas y otras dificultades posibles. ¿Qué es lo que sucede en y con el plano sexual durante el embarazo? ¿Se puede o no se puede tener relaciones sexuales con penetración vaginal durante él? Calmemos la ansiedad y pasemos a detallar, explicar y entender el binomio sexo-embarazo.

Tiempo de cambios

Una primera cuestión a tener en cuenta es la siguiente: *el embarazo introduce modificaciones en la práctica sexual de una pareja. Y luego, de manera distinta, lo hará la presencia del o los hijos.* Que esos cambios terminen minando o destruyendo la pareja o que, por el contrario, puedan manejarse, abran nuevas perspectivas y enriquezcan a sus miembros, dependerá de cómo se enfrenten y de cuánto amor haya en juego. Pero cambiar, se cambia. ¿Cómo no hacerlo si el cuerpo de nuestra mujer sufre modificaciones semana a semana?, ¿cómo no hacerlo si sabemos que esos cambios se vinculan, nada más y nada menos, que con una personita que crece en su interior y que cuando sepa hablar nos llamará "papá" por el resto de nuestras vidas?, ¿cómo no hacerlo si junto a la alegría y el orgullo que experimentamos por estar a punto de ser padres, aparecen los miedos: que tenga problemas de salud, que en algún momento no podamos darle todo lo que necesita económica y materialmente, etc.?, ¿cómo no hacerlo si, aunque nos cueste horrores admitirlo, con ese orgullo y esa felicidad no sólo se mezcla el miedo sino ciertos celos hacia el pequeño que está por venir y que puede robarse parte del cariño de nuestra compañera? Claro que la situación de pareja cambia y continuará haciéndolo. Pero aceptar y entender esas modificaciones podrá ayudarlo y mucho a que sumen y no a que resten. Antes de pasar a ellas, una respuesta de base a la pregunta de si se puede o no tener relaciones sexuales con penetración vaginal durante el embarazo. La respuesta es: *si el médico no indica lo contrario, se puede tener relaciones sexuales durante todo el embarazo.* Si hay algún factor o tipo de riesgo, el médico será lo suficientemente explícito al respecto (no le quepa duda) y prácticamente ordenará abstenerse del sexo durante el primer trimestre de embarazo, o el último o hasta que él lo crea conveniente. Ahora, que el médico no lo contraindique, no quiere decir que ambas partes de la pareja estén dispuestas como antes a prodigarse sexo. Algo ya hablamos de ello. Expliquemos ahora cómo, según los especialistas, el embarazo cambia trimestre a trimestre y, con ello, también lo hace la sexualidad de la pareja que espera ese hijo.

El *primer trimestre de embarazo* suele caracterizarse por ser la etapa de los malestares. La panza aún no ha aparecido, pero lo más común es que la mujer reciba cada nuevo día corriendo al baño a vomitar. Luego, a lo largo de la jornada, suelen hacerse presentes náuseas y salivación excesiva. Es comprensible que ante este panorama una mujer no sienta, precisamente, deseos de vivir una noche de pasión, sino más bien de que la ayuden para que pueda descansar tranquila. Sin embargo, esa misma revolución hormonal que provoca el embarazo y que en la mayor parte de las mujeres deviene en vómitos y náuseas, en otras provoca una suerte de excitación sexual que las hace sentirse más deseosas de relaciones. Además, aumenta la sensibilidad de los pechos, y ello puede colaborar a tener más estímulos. A veces, ambas mujeres, la que sufre de malestares y desea que la dejen en paz y la que se siente sobreexcitada, conviven en un mismo cuerpo y a veces predomina una y luego otra. La receta es: estar alerta ante el estado de nuestra pareja, registrarlo, percibirlo y actuar en consecuencia. A veces coincidirá con nuestro deseo y a veces no. Cuando no lo haga, realicemos el esfuerzo de entender; cuando lo haga, disfrutemos.

El *segundo trimestre de embarazo* puede llegar a ser una suerte de época de oro del sexo en pareja. Por un lado, los malestares del primer trimestre seguramente han desaparecido y, por otro, la panza contundente aún no se ha hecho presente. Además, el balance hormonal particular de esta etapa hace que haya una mayor afluencia sanguínea en la zona de la vagina, con lo que esta se vuelve mucho más sensible. Se han registrado casos, por ejemplo, de mujeres que experimentaron su primer orgasmo en esa etapa del embarazo y ello parece haberse debido a esa vagina más sensible debido a la mayor irrigación sanguínea. Se trata de una etapa en la que, generalmente, el apetito sexual crece, la actividad sexual también y hasta se incrementa la calidad de la misma. O sea: es un excelente momento para tener mucho sexo y del bueno.

Por último, en el *tercer trimestre de embarazo* lo usual es que disminuya el deseo y, por consiguiente, la actividad sexual. Las razones de ello son varias: desde lo físico, la panza comienza a ser contundente y dificulta un poco las cosas aunque, como lo veremos más adelante, de ninguna manera las impide y con ganas e ingenio se puede seguir disfrutando de una vida sexual plena. Desde lo psicológico y emocional, es muy probable que se instale la ansiedad tanto para la futura madre como para el futuro papá: el parto (y, por lo tanto, la llegada del hijo) no es algo que sucederá en algún momento de un tiempo lejano, sino que es algo casi inminente. Eso dispara comprensibles temores y ansiedades que, como no podía ser de otra manera, repercuten en el plano sexual poniéndole una suerte de coto al deseo. Sin embargo, esto no pasa en el cien por ciento de los casos y, de hecho, muchas parejas relatan haber tenido una vida sexual plena prácticamente hasta el mismo momento en que fue necesario salir para el hospital.

Tips para mantener viva la llama del deseo a lo largo del embarazo

- *Pruebe con alternativas sexuales que no impliquen necesariamente una penetración vaginal.*

  Supongo que no le voy a contar ningún secreto: los hombres solemos ver en la penetración vaginal la mejor (y casi la única) forma de satisfacer nuestro deseo y de arribar a un orgasmo. Erróneamente, también creímos durante décadas que lo mismo sucedía en relación con las mujeres. Sin embargo, la penetración vaginal no es, ni mucho menos, la única manera de satisfacerse sexualmente para ninguno de los dos sexos. Especialmente para aquellos hombres, mujeres o parejas que no pueden superar el temor a dañar al bebé, el sexo oral (tanto la felación como el cunnilingus) y la masturbación mutua se presentan como excelentes opciones cuando de vincularse sexualmente se trata.

- *Explore alternativas sensuales y eróticas sin tener como fin prefijado la obtención de un orgasmo:* masajes con algún aceite perfumado, descubrimiento de zonas del cuerpo de su pareja antes inexploradas, etc.

- Durante el tercer trimestre, *busquen posiciones que no ejerzan presión durante el abdomen:* de costado, por detrás, etc.

- *No deje en hibernación la seducción.* Algunas parejas ponen el cartel de "cerrado" hasta después de la cuarentena posterior al parto, no sólo a la vida sexual, sino a la seducción que siempre debe estar presente en la vida de a dos. Y esa es una conducta muy perjudicial. Continúe seduciendo a su pareja durante el embarazo. Una cena a la luz de las velas con música romántica o un regalo sugerente combinan a la perfección con la dulce espera, aunque en un principio pueda no parecer así.

Hablar, comunicar

Para finalizar este capítulo y este tema, una recomendación de base que nunca está de más. En el tema sexo y embarazo, al igual que en cualquier otro que involucre a la pareja, es fundamental que usted sea franco con usted y con la otra parte. Si la falta de relaciones sexuales o la percepción de la ausencia de deseo por parte de ella lo hacen sentir frustrado, enojado, resentido, cuénteselo. De buena manera, con tacto y sin agresiones, pero no se lo guarde para usted. Lo más probable es que si su pareja sabe como se siente, juntos puedan idear soluciones que resulten convenientes y satisfactorias para ambos. Además, hablar de lo que ambos necesitan, sienten y les preocupa los ayudará a acercarse emocionalmente, lo cual es un punto fundamental para tener una vida sexual plena y gratificante.

Capítulo 2

Un punto crucial: el parto

La OMS (Organización Mundial de la Salud) recomienda que los hospitales permitan a la mujer en situación de parto contar con la presencia de un o una acompañante por ella elegido o elegida. La idea es que cuente con un apoyo tanto físico como emocional en ese trance.

Y, si bien ese acompañamiento puede ser cumplido por su madre o una hermana, lo cierto es que lo mejor es que sea el padre de la criatura por nacer, nada más y nada menos que porque fue también el copartícipe y el co-responsable de que llegue ese nuevo ser al mundo. Sin embargo, no es un tema de fácil resolución. Pese a que la OMS lo recomienda, en muchos hospitales aún no se admite la presencia del padre (ni de ningún otro acompañante) en la sala de partos ni en el quirófano en caso de que el nacimiento se haga por cesárea. Por otra parte, muchos futuros padres sienten que estar presentes en el parto es una suerte de obligación que preferirían no tener que cumplir. En este capítulo abordo la historia del padre en el parto, ofrezco algunos tópicos para pensar la cuestión y, para los valientes y decididos que resuelvan estar presentes, una serie de consejos.

¿Los padres fuimos "expulsados" del parto o nunca estuvimos?

Se trata, creo yo, de una interesante pregunta que buena parte de los padres o futuros padres jamás se han hecho. Yo, como otros tantos, sí me he efectuado ese interrogante y tengo que decir que la respuesta encontrada a lo largo de mi investigación me dejó perplejo. El parto como "cosa exclusiva de mujeres" data de la Edad Moderna y lo cierto es que, en las culturas primitivas y en la occidental hasta bien entrada la Edad Media, las cosas eran bastante distintas. No es cuestión aquí de hacer una historia exhaustiva del tema, pero sí creo que bien vale la pena realizar un breve recorrido al respecto para entender hasta qué punto todo aquello que nos resulta tan "natural" e imposible de ser de otra manera es, en verdad, muy relativo a cada cultura y cada época.

Hoy en día y a partir de la década de los 70 del siglo pasado, la participación del padre en el parto es cada vez algo más frecuente y habitual. Sin embargo, no se trata de una primera entrada, sino de un retorno, porque los hombres no estuvieron siempre excluidos de tan trascendente momento. Hasta la Edad Media el padre participaba activamente del nacimiento a través de un ritual denominado *covada* y que adoptaba formas diversas de acuerdo a la cultura y el lugar.

La covada (del francés *couver*: "incubar") a veces consistía en que el padre imitara el comportamiento de su pareja durante el trabajo de parto, lo que incluía gritar, guardar cama, estar recluido y no tomar determinados alimentos, así como guardar un tiempo de abstinencia sexual.

En otras culturas, la costumbre consistía en que la madre, inmediatamente después del nacimiento, le cediera al padre el lecho donde había parido y entregara al niño en brazos de su flamante progenitor.

En el caso particular de algunas zonas de Irlanda, la covada se cumplía con el padre retirándose en cuanto el parto había comenzado hacia un lugar denominado "casa de hombres". Una vez allí se acostaba y, a medida que iba sintiendo los gritos de su mujer, se retorcía de dolor mientras los otros hombres allí presentes intentaban ayudarlo a superar el trance, que terminaba con el alumbramiento.

Pese a estas diferencias que acabo de describir, el contenido último, profundo y esencial de la covada era siempre el mismo: el hombre, el padre, el futuro papá participaba, ayudaba, formaba parte y compartía un acontecimiento primordial en la vida de todo ser humano: el nacimiento de un hijo.

¿Cuándo comienza a modificarse esto? Tal como lo adelanté, a partir de la Edad Moderna, lo que se denominó positivismo (una corriente filosófica que afectó tanto el pensamiento como las prácticas de la sociedad) erige a la ciencia como centro de todo y, en el parto, eso se refleja en la instalación del médico como jefe absoluto de la situación, con una parturienta cuasi sometida y colocada boca arriba, y un padre expulsado de tan importante acontecimiento.

Hoy, el recién comenzado siglo XXI nos ofrece a los hombres la oportunidad de volver a estar presentes en el acontecimiento del parto. Y no es, ciertamente, una oportunidad para desperdiciar.

Para pensar durante nueve meses

Afortunadamente, si un hombre está en la duda de si asistir o no al nacimiento de su hijo, no es algo que deba decidir de un momento a otro. Transcurrirán nueve meses donde podrá pensar, recabar información y evaluar sus sentimientos al respecto. Algunos tópicos y/o cosas importantes para hacer en ese lapso son las siguientes:

- *Entender que asistir al parto es un privilegio, no una obligación*
Creo que este es el primer punto y el fundamental. Si un hombre participa del parto de su hijo resignado y temeroso a cumplir una obligación que se encuentra de moda, esperando que dure el menor tiempo posible y con deseos de salir corriendo para estar en cualquier otro lado, seguramente no será una experiencia positiva ni mucho menos. Es bueno entender y comprender desde el corazón que estar presente en la sala de partos es un privilegio que conlleva la posibilidad de asistir a nuestra pareja en un trance difícil y, sobre todo, representa y hace carne una idea fundamental: todo ser humano es fruto de la unión de un hombre y una mujer, y es bueno que ambos estén presentes y lo reciban cuando arriba al mundo.

- *Conocer la vivencia de otros hombres que ya han tenido la experiencia de asistir al parto.*
Si usted está evaluando la idea de asistir al nacimiento de su primer hijo y no sabe a ciencia cierta "en qué se está metiendo" hablar con hombres que ya han pasado por ello podría serle de una ayuda invalorable. Ellos sabrán transmitirle de primera mano y desde una "mirada masculina" qué es lo que allí sucede y qué sintieron. Busque entre sus conocidos a alguien que halla pasado por la experiencia, pregúntele al doctor a cargo de seguir el embarazo si conoce algún padre o grupo de ellos con el que pueda contactarlo, o recurra al recurso de oro del siglo XXI para obtener datos al respecto: Internet.

- *Comprender la importancia de estar en las clases de preparación.*
Un futuro padre que haya asistido con su pareja a las clases de preparación para el parto o psicoprofilaxis del parto seguramente estará en mejores condiciones de asistir a

él. ¿Las razones? Conocerá más en profundidad el proceso que tiene lugar allí y tendrá también conocimiento de las diversas técnicas respiratorias adecuadas a los diferentes momentos del parto, de modo tal de poder sugerírselas a su pareja.

Si luego de transcurrido ese tiempo, haber hablado con otros hombres y haber recabado información en Internet, el sentimiento último que se decanta es el de no querer estar presente en la sala de partos durante el nacimiento de su hijo, sería bueno que respetara ese sentimiento, ya que, como dije al principio, se trata de un privilegio y no de una obligación. Sin embargo, si esa es la resolución del tema, creo también que sería conveniente que buceara dentro de sí mismo y se preguntara en profundidad, por qué su elección última y definitiva es la de no estar allí presente. Conocidos míos que han optado por no asistir al parto y con los que he tratado sin tapujos el tema me han hablado de cosas tales como que sufren una tremenda repulsión hacia la idea de ver sangre y que temen desmayarse; que no soportarían ver a su mujer gritando y sufriendo en un trance tan difícil o bien, que tienen temor de terminar siendo un estorbo en medio de tanta gente idónea que conoce el tema. Sin embargo, yo creo, repito, que si, pudiendo hacerlo, la decisión de un padre es no estar presente en el nacimiento de su hijo debe haber razones de más peso y más profundas que las enumeradas, razones que quizás no sean ni siquiera conocidas a nivel consciente por la persona misma. Y sería bueno conocerlas porque el conocimiento de sí mismo siempre es positivo y quizás, conocer ese hecho abra puertas hacia el futuro. ¿A usted qué le parece?

Entender el parto

Estar en el nacimiento de nuestro hijo no debe convertirse en una obligación ni en algo que se hace porque está de moda. Es importante tomar conciencia de lo trascendente e importante del momento y para ello creo que es fundamental saber qué está pasando, esto es, lisa y llanamente *entender qué es concretamente un parto, qué sucede durante él y cuáles son las etapas que lo componen.* Aclaro esto porque para muchos hombres la idea de un parto es la de un bebé que "casi de la nada" asoma su cabeza al mundo. Sin embargo, el parto o trabajo de parto comienza mucho antes y estoy convencido de que saber acerca de todo ello puede ayudarlo, tal como me ayudó a mí en su momento, a estar más pleno y presente en ese momento. Por ello, lo invito a transitar brevemente (al menos, desde la teoría, cómo podemos hacerlo los hombres) por el camino del parto.

Comencemos diciendo que el parto –esto es, la culminación del embarazo y el nacimiento de un nuevo ser que hasta el momento se había desarrollado dentro del útero materno– consta de varias etapas.

La primera de ellas se llama *período de dilatación*, aunque a veces también se lo conoce como *trabajo de parto o pre-parto.* Empieza con contracciones progresivas y termina cuando el cuello del útero se dilata por completo. Para que usted entienda de qué estoy hablando: se trata de esa parte de las películas en que una mujer con una panza enorme comienza a tener dolores y es necesario trasladarse rápidamente al hospital.

Es realmente difícil especificar el momento exacto en el que empieza esta primera etapa, debido a que no sucede de un momento a otro sino que se trata de un proceso que se va produciendo de manera gradual y sus primeros síntomas suelen ser muy suaves. Generalmente, se inicia unos días antes de la fecha de parto y sus indicios más frecuentes serán que su pareja "romperá bolsa" (expulsión de líquido por la vagina debido a la rotura de ciertas membranas que lo contenían) y contracciones (un tipo particular de dolor en la zona abdominal y lumbar) que cada vez se hacen más frecuentes y más intensas.

A esa etapa que suele durar varias horas sigue el denominado *período expulsivo*. Es el que a menudo se asocia al parto propiamente dicho y es el que transcurre en la sala de partos. Comienza cuando el cuello del útero ha alcanzado su máxima dilatación y termina cuando el bebé está totalmente fuera del cuerpo materno. Se trata de un proceso que dura alrededor de una hora en las primerizas, y entre 15 y 20 minutos a partir del segundo parto y en el cual el bebé rota en el interior de la pelvis y desciende, impulsado por las contracciones, por el canal vaginal.

> El hecho de vivir junto a la mujer el trascendental momento del nacimiento del bebé funciona, entre otras cosas, de piedra fundacional para recordar y construir el inicio de la pareja en tanto padres.

Cómo ayudar a su pareja en el pre-parto

Generalmente, la idea más acabada de un padre en el parto es la de un hombre que, ubicado al costado o detrás de la parturienta en la sala de parto, sostiene sus manos para ayudarla a pujar. Esto, por supuesto, está muy bien, pero lo cierto es que la invalorable y amorosa ayuda que le podemos prestar a nuestra pareja, puede comenzar mucho antes. Veíamos más arriba que el parto empieza con la dilatación o pre-parto. Esta es una etapa difícil y molesta que, las más de las veces, puede prolongarse durante horas, y que generalmente transcurre en el domicilio durante la primera parte y en la clínica u hospital durante la segunda. ¿Qué puede hacer usted para ayudar a su pareja en ese dificultoso trance? Lo siguiente:

- En principio, deberá concientizarse de que necesitará contar con toda la paciencia que le sea posible. Su pareja está molesta, nerviosa y dolorida por demás, y a usted le toca ser en estos momentos el apoyo racional y amoroso. Por lo tanto, *póngase a su entera disposición con paciencia.* Jamás discuta con ella ni se sienta ofendido por algo que haga o diga. En esos momentos los cambios de humor son frecuentes y la parturienta puede caer en exabruptos que luego, es muy posible, ni siquiera recuerde.

- *Contacte al médico.* Seguramente usted ya cuenta con el número telefónico en cuestión. Póngase en contacto con él, descríbale la situación y siga sus indicaciones al pie de la letra.

- *Controle el tiempo de las contracciones.* Lo más probable es que cuando usted contacte telefónicamente al médico este le solicite que cuente el tiempo que dura cada contracción y el lapso que separa a una de otra. Ello se debe a que ese parámetro temporal es un buen indicador de si, efectivamente, el trabajo de parto ha empezado. Para hacerlo, lo ideal será que cuente con un cronómetro, pero lo cierto es que un reloj con su correspondiente segundero podrá cumplir la misma función con igual eficiencia.

- *Anote los resultados del control que le mencioné en el punto anterior.* Eso le permitirá no tener que acordarse de los tiempos de duración de cada contracción ni del lapso entre ambas, así como también le posibilitará visualizar cómo evolucionan los tiempos al respecto. Y esos serán datos muy importantes para el médico y para decidir cómo seguir con el proceso, concretamente: si seguir en casa o, por el contrario, salir para la clínica o el hospital.

- *Transmítale calma a su pareja.* Para ello podrá ayudar mucho que se relaje y que busquen alguna distracción: colocar alguna música que le guste, hablar de algún tema distinto al del momento que se está viviendo, etc.

- *Anímela y ayúdela a cambiar de posición.* Contrariamente a tiempos pretéritos en los cuales la parturienta debía permanecer inmovilizada en una cama, hoy se sabe que cierta movilidad estimula el trabajo de parto, no es perjudicial ni para la mujer ni para el bebé y, de acuerdo a cuál sea la posición elegida, tiene diversos efectos. Estar de pie, por ejemplo, le aliviará el dolor de espalda, mientras que estar sentada o semisentada le permite descansar.

- *Ofrézcale y hágale masajes.* Serán de gran ayuda ya que posibilitarán relajarse y podrán también mitigar los dolores. Pregúntele dónde desea ser masajeada y ponga manos a la obra. Si se ayuda con algún aceite especial para masajes podrá efectuarlos de mejor manera y el perfume que estos productos suelen tener podrá también agregarle un toque de bienestar y placer a un trance un tanto dificultoso.

- *Suminístrele líquido.* El cansancio y la actividad del trabajo de parto harán que su pareja pierda líquido y deba reponerlo. Tenga a mano y ofrézcale jugos de fruta o agua mineral.

- En el momento del pre-parto muchas mujeres sienten un frío intenso. Pregúntele si es así y en caso de una respuesta afirmativa, *tápela con una manta.* Si ya están en la clínica u hospital, solicite una.

- Si acompañó a su pareja en el curso de psicoprofilaxis seguramente también podrá ayudarla *sugiriéndole distintos tipos de respiración de acuerdo al momento.* Al respecto, será fundamental que usted no trate de imponerle su ritmo sino que siga el de ella que es, precisamente, el que su cuerpo le dicta en ese momento.

- *Mantenga el contacto visual todo el tiempo que le sea posible.* La mirada es un eje de contacto sumamente importante y será un punto más donde su pareja pueda sentirse apoyada en un momento difícil.

En la sala de partos

- *Continúe dándole ánimos.* Eso es lo fundamental y una de las principales cosas positivas que usted podrá hacer por su pareja en ese momento.

- *Siga con los masajes.* Si es posible y la situación y el personal a cargo lo permiten, los masajes en el abdomen podrán aliviar el dolor al tiempo que estimularán el proceso de parto.

- *Séquela con una toalla suave* (puede estar mojada) en su rostro.

- *Siga sugiriéndole los distintos tipos de respiración,* cosa que sólo podrá hacer si, repito, asistió junto a ella al curso de psicoprofilaxis o si, al menos, ella le habló y le explicó el tema con un detalle considerable.

- *Continúe manteniendo el contacto visual* todo el tiempo que le sea posible para ofrecerle ayuda y apoyo también desde ese lugar.

Tipología de padres presentes en el parto

Los psicólogos consideran que, diferencias individuales al margen, existen tres tipos básicos de comportamiento/ actitud de padres presentes en el parto.

Los *activos* que, tomando una actitud pro-activa, ayudan a su pareja a respirar de la mejor manera posible, la incitan a relajarse y le realizan masajes para aliviar sus dolores. Si bien pueden estar profundamente conmovidos (y, hasta, a veces, asustados) por lo que allí se desarrolla, pueden sobreponerse a ese hecho para colocarse plenamente en un rol de ayuda activa de sus compañeras. Ni qué decir que son los más deseables.

Los *emocionales* son aquellos que participan emotivamente del momento pero que, sin poder manejarlo, se sobrepasan al hacerlo. Consuelan y animan a su pareja, pero el gran componente emotivo que ponen en ello los coloca en serio riesgo de impresionarse por demás con todo el proceso del parto y no ser capaces de superar tal impacto.

Por último, están los *paralizados*, quienes se encuentran francamente sobrepasados por la emoción y el miedo que la situación les provoca y, como consecuencia de ello, no pueden ofrecer ningún tipo de ayuda o apoyo a su pareja. Este tipo llega a su máxima expresión en aquellos futuros padres que se desmayan en la sala de partos.

¿A qué categoría pertenece usted? En general, esto no puede saberse de antemano y el enigma sólo se resuelve en la sala de partos. Por supuesto, todos los futuros padres que nos atrevemos a traspasar la puerta de la sala de partos tenemos como objetivo pertenecer al primer grupo. Sin embargo, no siempre es posible. Yo creo haber pertenecido en ambos partos a una suerte de tipo intermedio entre el activo y el sentimental. Por momentos, podía ayudar de manera por demás eficiente cual si fuera un verdadero experto en el tema, pero en ciertos puntos el componente emotivo me venció y me encontré a mí mismo llorando conmocionado sin poder ayudar a mi pareja... simplemente porque las lágrimas me impedían ver dónde estaba su mano. Mi amigo Lucas, por ejemplo, se ufana de haber pertenecido siempre al eficiente grupo de los activos, mientras que creo que Sebastián nunca pudo realmente superar la vergüenza de haberse desmayado antes de que su hija Rocío emergiera del vientre materno. Sin embargo, los tres tomamos la decisión de estar presentes en el parto con el mismo objetivo: ayudar a nuestra pareja y participar de la manera más activa posible de tamaño acontecimiento en nuestras vidas. Y eso es lo realmente importante.

¿Y si el parto es por cesárea?

Quizás como usted ya lo sepa, no todos los partos se producen en la sala preparada para tal fin y por vía vaginal, tal como el que acabamos de describir. Mucha veces (lamentablemente, cada vez con más frecuencia) los niños llegan al mundo a través de una cesárea, esto es, una operación quirúrgica que dura aproximadamente 45 minutos y que, en ocasiones, puede salvar la vida de la madre y la del bebé cuando ocurren ciertos problemas antes o durante el parto. La cesárea puede ser programada —en esos casos se sabe con antelación que deberá efectuarse y se elige junto al médico el día— o de emergencia, cuando el trabajo de parto ya ha comenzado y se hace imprescindible que el bebé nazca rápido. Cualquiera sea el caso, se realiza en un quirófano debido a que se trata de una intervención quirúrgica. Y en ambos casos el padre tiene derecho a estar presente en el quirófano si así lo desea. Igualmente, sería bueno que lo hablara con la suficiente antelación con el o la obstetra a cargo del parto. Ciertas instituciones (ya sean públicas o privadas) no respetan ese derecho y, si usted está decidido a estar sí o sí presente en el nacimiento de su hijo, aunque este se produzca por cesárea, sería muy importante que se informara acerca de cuál es la política al respecto de dicho hospital o clínica.

El corte del cordón

Una forma más de implicarse en el nacimiento de un hijo y no cualquier manera, ya que tiene un peso simbólico importante, es el corte del cordón umbilical por parte del padre, cosa que es posible en muchas instituciones.

Decía que tiene un peso simbólico especial debido a que en varias civilizaciones antiguas de trataba de un momento trascendental que iba acompañado de un complicado ritual; luego, ya llegado el siglo XX, los psicólogos interpretan el corte del cordón umbilical por parte del padre como una suerte de acto simbólico a través del cual el papá, al cortar el último resabio de conexión que queda entre el cuerpo materno y el del hijo, se instaura como una suerte de tercero en la relación modelando el vínculo madre-hijo. Por ello es que la jerga popular rescata este hecho y habla de alguien a quien le cuesta "cortar el cordón" en caso de que tenga una relación de excesiva dependencia con su madre.

Si en el lugar donde nace su hijo es posible que usted corte el cordón y, por supuesto, si usted desea hacerlo, los profesionales presentes en tan magno evento le darán todas las instrucciones pertinentes. Y, por supuesto, lo ayudarán en caso de que la impresión le impida actuar con un cien por ciento de eficacia, ya que el tan mentado cordón, por ser gelatinoso y blanquecino, suele impresionar a muchos hombres.

Capítulo 3

Nuevo papá, nuevo bebé

¿Cuánto tardaba un papá tradicional o a la vieja usanza en entablar un vínculo con su hijo? Para los parámetros de hoy en día, mucho. Efectivamente y en líneas generales (porque siempre hubo excepciones, como en todo) el padre permanecía en la sala de espera aguardando que su mujer diera a luz a su hijo y durante el puerperio, esto es, en los primeros días y semanas posteriores al parto, ni se cruzaba en su mente la idea de tomarse una licencia en su trabajo para estar con su hijo recién llegado al mundo. Casi todos, el día siguiente al parto o el mismo día horas después, aparecían por su oficina, estudio, fábrica o negocio presumiendo orgullosos de su flamante paternidad. Y la madre cambiaba pañales, daba la teta o preparaba innumerables mamaderas y hacía dormir al pequeño. Y eso se prolongaba durante meses, con un padre que, a lo sumo, tomaba al pequeño en sus brazos (siempre y cuando ya estuviera limpio y cambiado) cuando llegaba del trabajo y eventualmente lo sostenía de cuando en cuando, pero no mucho más. En ciertas épocas, no del todo extinguidas, lamentablemente, se consideraba que "no era de hombre" cambiar pañales ni dar mamaderas. Hoy en día las cosas están cambiando, tal como lo expliqué con más detalle en la partes precedentes de este libro y el padre no es ahora una "presencia ausente" sino alguien que puede acompañar a su hijo desde los primeros momentos desde, incluso, las primeras horas de vida. Pero ¿qué pasa luego del parto cuando la flamante pareja de padres arriba a su casa con el bebé?

Tiempo de puerperio

Ya hemos visto que el padre puede estar presente en la sala de partos y que, una vez que este finaliza, puede proceder allí al acto de cortar el cordón umbilical, acción de altísimo contenido simbólico. Pero, además, el rol del padre en el post-parto y el posterior puerperio resulta y debe ser fundamental.

Por un lado, para ayudar y contener a su pareja que deberá afrontar un gran conjunto de cambios, tanto desde la organización de la casa como desde lo corporal. Seguramente tenga en su cuerpo o bien puntos de una episiotomía que se le efectuó si el parto se realizó por vía vaginal o bien los de una cesárea en caso de que haya sido necesario hacerla. O sea, para decirlo de manera coloquial y clara: su pareja necesita de su ayuda en la casa ya que, además de lo mencionado, es muy posible que (con mayor o menor intensidad) atraviese por un estado conocido como *depresión post-parto*.

Por otro lado, la presencia del padre en el hogar durante el puerperio es primordial para entablar lo antes posible una relación con ese pequeño desconocido que es, nada más y nada menos, que su hijo. Efectivamente, para que deje de ser un pequeño ser que llora, hace caca y duerme, y pase a transformarse paulatinamente en su hijo, usted deberá estar y hacerse presente, deberá "trabajar" esa relación, deberá vincularse con su pequeño hijo.

Por lo tanto, y tal como lo adelanté en el capítulo 1, lo óptimo sería que usted haya solicitado unos días de licencia laboral o a cuenta de sus vacaciones para estar cien por ciento presente en esa circunstancia tan particular, muy complicada, pero sumamente trascendente y disfrutable que constituye el puerperio, ya que, aunque tenga más hijos, cada uno de ellos y la circunstancias que rodearán sus nacimientos serán únicos. ¿En qué lapso estoy pensando al escribir esto? No puedo dar una respuesta única, exacta y cien por ciento fiable, además de que cada caso particular cuenta con sus propias limitaciones. Efectivamente, no todos vivimos en países escandinavos que cuentan con licencias por paternidad bastante extendidas y ese lapso será, entonces, el resultante del tiempo que desee estar con su hijo recién nacido y el que su empleo le permita. Seguramente, si trabaja en modalidad independiente o *free lance,* le será más fácil que si lo hace en relación de dependencia. Pero todo es cuestión de ir planeando, probando e intentando posibilidades y soluciones.

El puerperio es un momento maravilloso, pero difícil; único, pero complicado; trascendental, pero dificultoso. Seguramente, la casa estará patas para arriba, los horarios se encontrarán absolutamente trastocados en pos de poder atender las necesidades del bebé y su pareja, tal como adelanté, sufrirá una *depresión post-parto.* Recibe ese nombre una suerte de estado que aparece a los pocos días de nacido el bebé y no suele extenderse más de dos semanas. No todas las mujeres la sienten de igual manera pero los síntomas más habituales suelen ser irritabilidad, tristeza, cansancio, mal humor, pesimismo y problemas para dormir. Las verdaderas causas de esta depresión se desconocen, pero el brusco descenso de las hormonas una vez que el embarazo finaliza parece ser una de las razones. Las otras, podemos entenderlas los mismos hombres con un poco de imaginación: ese bebé que se "acunó" en el vientre materno durante nueve meses es ahora un ser independiente (hasta cierto punto) lo cual es vivido por la madre como una suerte de muerte o, al menos, de separación, lo que conlleva inevitablemente un sentimiento que los psicólogos denominan "de duelo". Por otro lado, también podemos imaginarnos cómo puede sentirse una mujer a quien el cuerpo le ha cambiado bruscamente de un día para el otro, se siente dolorida, tiene varios o muchos kilos de más por bajar, y cuyos horarios han sido trastocados. Se comprenderá, entonces, que nadie puede sentirse realmente bien en esas circunstancias, aunque lo cierto es que algunas mujeres no pasan por tal depresión y se sienten cien por ciento espléndidas con su recién estrenada maternidad. Pero como eso no es precisamente la regla sino la excepción, usted deberá estar preparado para acompañar, contener y ayudar a su pareja en ese período. Algunas posibles maneras de hacerlo son las siguientes:

- *Comprender* es lo primero que usted deberá hacer en estas circunstancias. Su pareja no está enojada ni llora porque ha dejado de quererlo, usted no es suficiente para ella o no está conforme con su maternidad sino que, tal como lo adelanté, es víctima de un estado depresivo. Se trata, entonces, de acompañarla y contenerla en un momento en que, se lo diga o no, o lo haga de una manera u otra, ella lo necesita mucho.

- *Prepare la casa para cuando su pareja y su hijo vengan a ella.* Puede hacerlo usted mismo o contratar un servicio doméstico, el cual tal vez ya tengan. Será importante que la casa esté muy limpia, debido a que el bebé aún no ha desarrollado completamente su sistema inmunológico. Controle también que haya la suficiente cantidad de pañales descartables y que no falten alimentos. La idea es, en la medida de lo posible, no salir de la casa en los días posteriores al parto, sino hacer de la vivienda familiar un nido donde usted, su pareja y su hijo (y los eventuales otros hijos) se adapten en un ambiente lo más armónico, contenedor y pacífico posible a la nueva situación.

- *Controle y ordene las visitas.* La llegada de un bebé a una familia es un acontecimiento trascendental y muchos querrán participar de él, desde los familiares más cercanos hasta los amigos y los compañeros de trabajo y estudio. Sin embargo, es necesario preservar la intimidad de tal momento y evitar a toda costa que las visitas resulten abrumadoras o, lisa y llanamente, invasivas. Para ello, nada mejor que usted desde su flamante rol de padre se haga cargo de que las visitas tengan un horario, un ritmo y, sobre todas las cosas, un límite. No tenga dudas de que, quienes bien los quieran a usted y a su pareja, sabrán entender la situación. Manejar esas circunstancias con una sabia combinación de dulzura y firmeza podrá ayudarlo… y mucho.

- *Tenga atenciones con ella.* Un ramo de flores un día y una comida que usted sabe que le gusta al otro pueden hacer una diferencia. Recuerde que no es sólo la madre de su hijo: también es una mujer, su pareja en lo amoroso y sexual.

- *Anímela a hablar de lo que le pasa.* Cuando nos sentimos mal, una de las peores cosas que nos puede pasar es tener que fingir que estamos bien. Aclárele a su pareja que no es eso lo que debe hacer ante usted y que está allí para escucharla y contenerla.

- *Anímese usted también a sentirse mal y a demostrarlo.* ¿Y qué pasa si el hombre de la pareja, de manera similar a como pudo haber experimentado síntomas de embarazo ahora también siente cierta depresión post-parto? Pues, a asumirlo y a charlarlo. Usted no es de fierro ni de mármol y puede experimentar sentimientos parecidos. Lo dicho: a asumirlo y a charlarlo con franqueza, respeto y amor, que resulta siempre una excelente combinación.

El sexo

¿Y qué pasa con las relaciones sexuales luego de que una pareja ha tenido un bebé? Una vez que pasa la conocida cuarentena ¿se puede realmente volver al sexo con iguales bríos y como si nada hubiera pasado?

Nuevamente, en este caso, tampoco hay una respuesta única. Como reza el conocido refrán popular, cada pareja es un mundo y lo vivirá a su manera, de acuerdo a sus posibilidades y en base al vínculo que había establecido antes, el cual se modificará, pero seguirá allí, modificado. Sin embargo, bien puede hablarse de una suerte de sentimientos, sensaciones y/o dificultades que se repiten en las parejas que están atravesando ese momento denominado puerperio. Conocerlas hará que, en caso de que usted deba afrontarlas, lo haga más preparado y que no se sienta tan solo.

Por empezar, es importante saber que *el sexo no volverá a ser el mismo,* sencillamente porque nada será igual que antes. Ustedes no son dos sino tres y ese tercero necesita de su atención casi constante, al menos en estos primeros tiempos. Pero, aún así, cuando esos tiempos primeros pasen, tampoco será igual. ¿Tenían por costumbre gritar en el momento cumbre? Pues a partir de ahora tendrán que contener el grito. ¿Eran afectos al sexo espontáneo? Pues ahora, tal vez tenga que ser un poco más planificado porque será el bebé el que marque buena parte (si no toda) de la organización de la agenda.

Otra mala noticia: el deseo y la pasión faltarán a menudo a la cita, a veces en la mujer y otras, en el hombre. Sexólogos, psicólogos, médicos y otros investigadores interesados en el estudio de la relación sexo-puerperio afirman que en *los seis meses posteriores al parto es muy frecuente la pérdida de deseo sexual* por parte de uno de los integrantes de la pareja y, eventualmente, de los dos.

En el caso de la mujer, puede prolongarse la depresión postparto y nadie que se encuentre en un estado depresivo suele tener deseos sexuales.

O, quizás, sin que se encuentre verdaderamente deprimida o cuando esta depresión ya haya sido superada, al llegar la noche simplemente estará muy cansada para pensar en un rato de pasión erótica. Otra posibilidad es que no se sienta a gusto con los cambios que el embarazo ha operado en su cuerpo, que eso la haga sentirse poco atractiva y que ese sentimiento repercuta negativamente sobre su sexualidad y su deseo.

En el caso del hombre, suele suceder que después del parto se sienta más exigido en términos de responsabilidad económica debido a que, como describe la lengua popular, hay una boca más que alimentar. Y eso hace que disminuya su libido o energía sexual que se deriva o enfoca a otro tipo de cuestiones, más del orden de lo material y económico. Ese fue el caso (nada fuera de lo común) de Rolando quien, en un grupo de padres recientes, comentaba: "La depresión post-parto de Leticia fue una cosa casi de nada: una tristeza de unos días, algo de bajón, pero a los diez días ya estaba con todas las pilas: canturreaba mientras le cambiaba los pañales a Iván, planeaba entusiasmada su regreso al trabajo y hacía caminatas diarias para recuperar la línea. Todo iba muy bien y yo me sentía muy afortunado. Cuando el médico nos dio "luz verde" se compró un conjunto de ropa interior im-pre-sio-nan-te, pidió sushi y durmió temprano al gordo. Y a medida que la noche avanzaba yo me daba cuenta de que tenía miedo. Era un sentimiento muy inasible y al mismo tiempo muy real. Y, además, sentía que no podía "perder" tiempo teniendo sexo, que debía dormirme lo antes posible para estar bien lúcido al día siguiente en el trabajo para hacer mi labor con más responsabilidad que nunca porque ahora tenía un hijo. Suena muy delirante contado así, pero la verdad es que era lo que sentía".

Muchas veces, debajo de la posible disminución del deseo sexual del hombre en esta etapa se encuentra una causa menos conocida: la *dificultad desde lo psicológico de conciliar el rol materno con el sexo*. Efectivamente, nos hemos criado en una cultura en la cual, a grandes rasgos, se nos dijo, había dos tipos de mujeres: unas para asumir el rol materno y otras para las lides eróticas. Para decirlo breve y coloquialmente, las madres y las putas. Y a veces es muy dificultoso asumir que en una mujer conviven ambos roles y que esa madre que durante el día atiende amorosamente a su bebé, juega con él y le da la teta, pueda "convertirse" durante la noche en una mujer sedienta de placer sexual. Tal vez este motivo le parezca el más difícil de aceptar, el menos obvio y evidente, pero si bucea un poco en su interior, tal vez encontrará algún resabio de lo que le digo. O no, porque cada persona es una entidad única.

¿Se trata entonces de entender que está todo perdido y que una pareja debe resignarse a una vida sexual mediocre o inexistente una vez que ha decidido tener descendencia? De ninguna manera.

Se trata de entender que el puerperio es un excelente período para revisar y charlar acerca de gustos, necesidades, aspiraciones y limitaciones de cada uno de los miembros de la pareja en lo que a vida sexual se refiere.

Se trata de entender que (al igual que durante el embarazo) todo aquello que en un primer momento puede aparecer como una limitación –o, de hecho, serlo– puede revelarse como nuevas posibilidades si se las encara con imaginación, entusiasmo y ganas.

Se trata, nada más y nada menos, que de emprender una búsqueda y una exploración conjunta, en pareja, de las nuevas posibilidades sexuales actuales.

Se trata de darle la bienvenida a una etapa en la vida de pareja que puede enriquecernos mucho si lo asumimos desde la idea de abundancia y no de carencia.

Se trata de re-descubrirnos en el otro desde un lugar novedoso y renovado, pero que puede contener el mismo amor y el mismo deseo (o aun más) que antes.

Se trata de entender que somos los mismos, pero somos otros y que podemos continuar amándonos igual pero diferente.

Pero... ¿es que con todos estos consejos y reflexiones acerca de la pareja me he olvidado de que ese nuevo padre es tal porque hay un bebé en casa? De ninguna manera. Por eso a continuación le ofrezco los tips esenciales para que se conecte con su hijo nomás este llegue a su casa.

Cómo tener en brazos a un recién nacido

Puede parecer una tarea por demás simple. Pero lo cierto es que muchos hombres nos acobardamos un poco a la hora de tomar a nuestro hijo recién nacido en brazos y sostenerlo. ¿Y si no lo hacemos bien? Sebastián me relataba esos momentos en los siguientes términos: "Cuando llegamos del sanatorio a casa con Rocío recién nacida, fue Carla la que se ocupó de entrarla a la casa y colocarla en su cunita. Y se metió en la cama a descansar. Al rato, la beba empezó a llorar y siento la voz de mi mujer que me dice: 'Debe querer teta ¿me la traes?'. Y allí fui yo a agarrar a Rocío. Sin embargo, al llegar al borde de la cunita y mirarla, me di cuenta de que no sabía bien cómo hacerlo. Y cuando comencé a intentarlo, el primer pensamiento que se me vino a la cabeza fue: '¿Y si le rompo algo?'. Recordar y decir esta frase hoy me da un poco de risa y de vergüenza, porque me doy cuenta de que en esa expresión mi hija se parecía más a una máquina de la que podía romper una pieza, que a un ser humano. Pero la verdad es que creo que sentí eso, que me enfrentaba a una máquina muy delicada y valiosa de la que podía romper una pieza. Por suerte, todo salió bien y aprendí muy rápido a tomarla en brazos y a manejarme con ella a upa mío. Pero todo tiene su técnica". Efectivamente, como señala Sebastián, todo tiene su técnica y aquí paso a detallarla. En principio, una buena noticia: pese a nuestra desventaja histórica en cuanto a la práctica de agarrar bebés, lo cierto es que los hombres corremos con ventaja a la hora de ser eficientes a la hora de tomar y sostener a un recién nacido. Y la razón de ello es que nuestras manos más grandes nos permiten agarrarlo mejor. Y cuanto más grandes, mejor todavía. Una de las principales cosas a tener en cuenta es que ninguna parte del cuerpo del bebé quede colgando cuando comenzamos a elevarlo. Sobre todo, hay que tener especial cuidado con la cabeza: los bebés son cabezones por naturaleza y no tienen desarrollados los músculos del cuello, por lo que no podrán sostenerla por sí solos. Entonces, lo que deberá hacer es deslizar su brazo a lo largo de la espalda del bebé hasta sujetarle la cabeza y el cuello con la mano y, luego, levantarlo lentamente en un movimiento acompasado, evitando de esa forma toda sacudida posible.

Una vez que el bebé ya está aupado, deberá ponerlo en posición horizontal, transfiriéndole al bebé la parte interior de su otro brazo, de manera tal que la cabeza quede en el hueco del codo y el cuerpo apoyado a lo largo del antebrazo.

Otra posibilidad es seguir la vertical, esto es, levantar suavemente al bebé, siempre sosteniéndole la cabeza y el cuello, y sujetarlo de manera tal que su cabeza asome por encima de su hombro, el de usted, papá.

Algunas ideas para papás de recién nacidos

- Escríbale durante los primeros días de vida una carta con la idea de entregársela cuando sea mayor.

- Lo más rápido posible luego del nacimiento, plante un árbol al que llamará con el mismo nombre que a su hijo. Tenga en cuenta que si lo tiene comprado antes del nacimiento, todo resultará mucho más simple.

- Estampe sobre una madera o papel y utilizando pintura escolar no tóxica las manos y los pies de su bebé recién nacido. Por supuesto, será una excelente base para un cuadro.

Cómo tocar a un recién nacido

Los bebés recién nacidos disfrutan enormemente del contacto corporal con sus padres y, en general, con cualquier persona que se ocupe de su cuidado y ante la cual ellos puedan percibir (y le aseguro que lo hacen) que se acerca con cariño y cuidado. Sin embargo, los hombres no solemos ser muy amantes del contacto corporal (salvo que se trate de un asunto puramente sexual) y le puedo asegurar que con esa actitud nos estamos perdiendo algo de lo bueno de la vida. Por ello, mi consejo es: *toque a su hijo desde que este es un recién nacido. No rehuya el contacto corporal con él.* Eso fortalecerá el vínculo, los ayudará a conocerse mejor y creará entre ustedes un lazo de complicidad único. Además, está comprobado que un contacto corporal amoroso favorece la salud y el bienestar general del bebé ¿Cómo hacerlo? Algunas ideas:

- Dele unos leves toquecitos como diciéndole "Soy tu papá y estoy cerca. No debes preocuparte".

- Colóquelo desnudo sobre su pecho también desnudo. A la mayor parte de los bebés les encanta esto y los relaja mucho. Tal sentimiento parece estar relacionado con el hecho de que escuchan el latido del corazón del adulto que le sirve de "base" y ello los retrotrae al bienestar que sentían en el útero materno, cuando también escuchaban los latidos cardiacos.

- Téngalo en su regazo mientras se sienta en un sillón a ver su programa favorito de televisión.

Alerta roja: razones para pedir ayuda médica con un recién nacido

Todos, absolutamente todos los papás y mamás del mundo, deseamos que nuestros hijos no tengan ningún problema de salud. Sin embargo, esto no siempre sucede y lo cierto es que los padres y madres (sobre todo los primerizos) no sabemos ante qué síntomas debemos preocuparnos y ante cuáles no. En el caso de los recién nacidos y los bebés pequeños, si se presenta alguna de las circunstancias que detallo a continuación, usted deberá llamar al servicio de emergencias médicas de ambulancia (cuyo número deberá estar junto al teléfono y colgado de la heladera) de inmediato.

- Si el bebé tiene *convulsiones*, o sea, si empalidece bruscamente, su cuerpo se torna rígido, pierde el conocimiento, sus ojos se ponen en blanco y, al cabo de un momento, aparecen sacudidas en los miembros y la cara.

- Si le cuesta respirar o deja de hacerlo.

Los casos que detallo a continuación también requieren una consulta médica, pero no necesariamente del servicio de urgencias a domicilio. Puede trasladarse usted con su hijo hasta un centro médico cercano o bien, pedir servicio a domicilio, aclarando que no es un caso de urgencia:

- Si tiene fiebre o usted lo nota decaído.

- Si presenta signos de deshidratación: piel seca y áspera, ojos hundidos y caca muy oscura.

- Si vomita repetidas veces.

- Si llora durante un tiempo prolongado como si algo le estuviera haciendo daño.

- Si se niega a comer.

- Y también, si no presenta ninguno de estos síntomas, pero simplemente usted se siente preocupado y su intuición de padre le dice que algo anda mal.

Parte II

Guía práctica
de nueva paternidad

Capítulo 4

A cambiar pañales

Durante las últimas décadas muchos hombres hemos ido acercándonos a las tareas "maternales". Bañar al pequeño, darle la mamadera cuando este ya se encontraba bañado y cambiado, y hasta levantarnos en medio de la noche cuando el bebé lloraba de forma inconsolable, eran acciones y actitudes que nos hacían sentir un padre más apegado a nuestro hijo y más útil para nuestra pareja que tenía a su cargo el rol de madre.

Sin embargo –¿para qué negarlo?– hubo un terreno en el que los hombres nos resistimos tenazmente a entrar, el que más esfuerzo nos costó (y, eventualmente, nos cuesta) transitar de manera cómoda: el cambio de pañales. Sí: esa caquita que a las madres les parece algo absolutamente natural y hasta maravilloso, no producía en nosotros sentimientos tan positivos. Y, de hecho, no nos gustaba nada cambiar pañales. Sin embargo, el nuevo padre también deberá enfrentarse a esa tarea. Y lo cierto es que, cuando se adquiere práctica, no se la hace nada mal. Pero, como todo en la vida, hay que aprender a hacerlo y de eso se trata este capítulo.

¿Descartables o de tela?

Tal vez usted ya lo sepa, pero por si no es así, es bueno aclararlo. Existen dos tipos de pañales: los de tela y los descartables.

Los primeros cuentan con la ventaja de ser más económicos (debido a que pueden utilizarse reiteradas veces) y de contribuir en mayor medida al cuidado del equilibrio ecológico.

Los segundos, por su parte, si bien carecen de estas dos ventajas, ofrecen una que para usted seguramente resultará invalorable: facilitan en mucho la tarea de cambio de pañales, ya que se trata solamente de sacar un pañal, descartarlo y reemplazarlo por otro, evitando toda la tarea de secado y de lavado de los mismos. Por ello, mi primer consejo de este capítulo es: si usted está decidido a ser un padre moderno y ello incluye la tarea de cambiar pañales, facilítesela lo más posible y utilice pañales descartables.

Dónde comprar los pañales descartables

Los pañales descartables vienen en bolsas que contienen x cantidad de unidades adecuadas a determinada edad o peso del niño. De esa manera, usted podrá encontrar pañales para recién nacidos, para niños de varios meses y hasta para pequeños que ya han empezado a dar sus primeros pasos y necesitan una suerte de híbrido entre pañal y bombachón que se sujete a las nuevas necesidades de movimiento. ¿Dónde comprarlos? Las opciones son varias: los hay en hipermercados, farmacias y perfumerías. Sin embargo, usted se sorprenderá de lo rápido que se esfuman en la cola de su bebé esos paquetes que allí venden, por lo que mi consejo es el siguiente: averigüe dónde hay una buena pañalera. Se trata de fábricas de pañales que, en general, no ostentan una marca reconocida internacionalmente en el mercado pero que, en algunos casos, pueden ofrecer muy buenos productos y a mejor precio. Pregunte entre aquellos que tienen o han tenido hijos recién nacidos dónde hallar una buena pañalera o fábrica de pañales: compañeros de trabajo, parientes, etc. Y una vez que tenga el dato, diríjase hacia ella preferentemente en un vehículo que le permita cargar una buena cantidad de pañales (digamos, 200) y múnase de ellos. En el comercio, casi sin dudas, habrá personal disponible para asesorarlo acerca de cuál es el más indicado para la edad y el peso de su pequeño bebé.

Este método le ofrecerá varias ventajas: por un lado, ahorrará dinero, y, por otro, minimizará el tiempo de compra de pañales al hacerlo prácticamente al por mayor, de forma tal de tener más tiempo libre para ocupar en el cuidado de su bebé o en cualquier otra tarea que usted desee.

Cómo cambiar el pañal

Ahora sí: usted ya está en su casa con su (o sus) enormes paquetes de pañales. Y el desafío toca a su puerta: su bebé se ha ensuciado y es usted quien debe cambiarle los pañales. Sé que la primera vez es difícil, pero lo cierto es que lo más probable sea que, a medida que lo repita una y otra vez, se vaya acostumbrando, comience a tomar práctica en la tarea y, cuando se quiera dar cuenta, estará más pendiente y conectado con el rostro de su bebé y su eventual sonrisa, que con la caca o el pis que encuentra en el pañal. Pero las primeras veces pueden ser un tanto difíciles y aquí va una guía para que comience a cambiar pañales de la mejor manera posible:

• Coloque un cambiador o una colchonetita con cubierta de plástico sobre una superficie firme y dura que se encuentre aproximadamente a la altura de su cintura. Es allí donde acostará boca arriba a su bebé para proceder al cambio de pañales.

- Fundamental: tenga a mano, bien a mano, todo lo que necesitará para la tarea del cambio de pañales, esto es: el pañal limpio, la sustancia para limpiar la cola del bebé (ver más abajo), un poco de gasa esterilizada y talco para bebé o fécula. Una vez que comience el cambio de pañales y hasta que finalice usted no deberá moverse de al lado de su bebé, así que todo lo que necesite deberá estar al alcance de su mano.

- Una vez dispuesto todo, coloque al pequeño boca arriba sobre el cambiador o la colchonetita, quítele el pañal sucio y descártelo inmediatamente. Antes de hacerlo, la mayoría de quienes cambiamos pañales lo cerramos para evitar que la caca o el pis se diseminen.

- Luego de retirarle el pañal sucio, limpie con cuidado la zona hasta que quede totalmente higienizada. Durante las primeras semanas será conveniente que utilice el aceite que se vende para tal fin, ya que la piel del recién nacido es muy frágil y el agua resulta un tanto agresiva para ella. Luego, podrá hacerlo con agua y jabón neutro o para bebés, o bien con las toallitas descartables especialmente fabricadas para tal fin. Pero, si nota irritación, deberá volver al aceite.

- Una precaución fundamental en el caso de las niñas es limpiarlas siempre de adelante hacia atrás para evitar que las bacterias propias de las heces entren en contacto con la vagina y provoquen una infección.

- Una vez que la zona quede totalmente limpia, séquela suavemente con la gasa esterilizada. Al hacerlo, tenga la precaución de no restregar, así como también de secar bien entre los pliegues y arrugas de la piel.

- Antes de colocar el pañal, aplíquele un poco de talco para bebé o fécula. Si existe irritación o paspaduras coloque un ungüento o pomada antiséptica y cicatrizante antes del talco.

- Una vez hecho todo ello, abra el pañal y ponga la colita del bebé sobre él. Generalmente, en los pañales descartables, las tiras adhesivas están atrás, por lo que deberá levantar la parte delantera del pañal y pegar las tiras adhesivas a la parte de arriba, a la altura de la cintura.

- Asegúrese de que la cintura del pañal quede justa pero no apretada.

- Termine de vestir al bebé.

Cuándo cambiar el pañal

Si usted tiene a su cargo a su pequeño bebé durante el día o a lo largo de un período extenso, no sólo deberá manejar la técnica para cambiar pañales: también deberá saber cuándo hacerlo. Una primera guía al respecto es saber que, en el caso de un bebé recién nacido y de pocos meses, el promedio de pañales ensuciados a lo largo del día es de 6. Pero, más allá de ello... ¿cuándo deberá usted arremangarse y proceder a cambiar el pañal de su pequeño o pequeña?

- En principio, por supuesto, cada vez que perciba olor a caca o bien, si lo levanta y siente que la zona de su cola se encuentra mojada.

- Si el pequeño llora con insistencia, también será bueno que usted corrobore el estado de los pañales. A veces, el llanto se debe a la incomodidad que les provoca estar sucios o mojados.

- Importante: no dé por sentado que el pequeño está seco y confortable sólo porque usted lo cambió hace 5 minutos. A veces, me ha pasado, no había transcurrido más de ese tiempo y mi pequeño hijo ya había mojado nuevamente sus pañales.

- Y un dato casi mágico: descubrí que a algunos bebés (mi hija fue una de ellos) se los puede cambiar mientras están dormidos, siempre que se lo haga con el suficiente cuidado como para que no se despierten. De esa forma se evita que el bebé quede mojado y se malhumore cuando se despierte más tarde.

- Algo fundamental: a la hora de cambiar pañales siempre es mejor hacerlo por demás que de menos. Las colas de los bebés agradecen siempre un pañal nuevo y seco.

En síntesis

- Prefiera los pañales descartables.

- Adquiéralos al por mayor en una pañalera.

- Siempre cambie a su bebé teniendo a mano todo lo que necesitará para la tarea.

- Ante la duda, opte siempre por cambiar el pañal en lugar de dejar el ya colocado.

Capítulo 5

Bebé al agua: el baño

L a rutina de higiene de un bebé recién nacido y de meses se compone de dos procedimientos básicos: el baño y el cambio de pañales. En el caso específico de las primeras semanas de vida, a lo mencionado se le agregará la limpieza del cordón, espinoso tema que abordaremos en el capítulo siguiente.

Varias encuestas revelan que al preguntarles a jóvenes padres qué es lo que más disfrutaban compartir con su bebé, más del 50% respondió que el baño. Parece que para buena parte de nosotros, colocar al pequeño en su bañera de plástico, lavarle la cabeza y enjabonar su cuerpo, resulta la tarea más agradable. Por supuesto, el rating negativo lo encabeza el tema de nuestro capítulo anterior, el cambio de pañales.

Entonces, para hacer de la mejor manera posible eso que ya a todos nos gusta hacer, una pequeña guía de cómo bañar e higienizar al bebé.

Equipo para bañar al bebé

Por más agradable que nos resulte, lo cierto es que bañar a un bebé no es algo tan sencillo como lo es tomar una ducha o un baño de inmersión en el caso de un adulto. Para hacerlo, usted necesitará, en principio, contar con un determinado equipo. Se lo detallo a continuación.

Bañera: es allí donde colocará al pequeño para higienizarlo. ¿Es imprescindible que usted cuente con una de ellas? De ninguna manera, especialmente en los primeros meses. Mientras bañe al bebé en un ambiente cálido (hablo de ello más adelante) bien podrá hacerlo en una de esas tinas de plástico para lavar ropa o en una de las piletas de su cocina. Eso sí, en este último caso deberá tomar las precauciones necesarias para evitar que su pequeño se lastime con alguna canilla. En algunos sitios, se venden protectores especiales para ello. Lo que sí es imprescindible es que, sea cual sea el elemento o lugar elegido, lo limpie y enjuague exhaustivamente antes de colocar en él el agua del baño, y por supuesto, el bebé.

Toallas: de algodón y lo más absorbentes y suaves posible, de forma tal de no dañar la delicada piel del bebé al usarlas. Lo ideal es siempre contar con dos en cada ocasión: una más grande para secar el cuerpo y otra más pequeña para la cabeza. En mi caso particular, yo preferí las salidas de baño con capucha, debido a que reemplazan a las dos toallas, son muy cómodas de colocar y mis niños quedaban realmente muy monos con ellas. Pero lo cierto es que suelen ser más caras que las toallas. Algo fundamental que me dijo el pediatra y que quiero compartir con usted es lo siguiente: esas toallas y/o esas salidas de baño deben ser de uso exclusivo del bebé y no debe compartirlas con nadie, ni siquiera con sus hermanitos pequeños.

Jabón y Champú: siempre neutros y preferentemente sin perfume. También puede usar algún producto no jabonoso especial para higienizar la piel del bebé. Pero para ello deberá preguntarle a su pediatra o en la farmacia cuáles están disponibles en su zona.

Plástico extensible: similar a una manta, de aproximadamente 1m x 1m y escrupulosamente limpio, para enjabonar al bebé sobre él sin hacer otro tanto con los muebles.

Termómetro sumergible: este elemento no es verdaderamente imprescindible, pero sí es de gran ayuda. En general, he comprobado que los hombres carecemos de esa suerte de "instinto térmico" que les permite a las mujeres, con sólo sumergir su codo durante unos segundos, saber cuándo el agua del baño del bebé está demasiado caliente o demasiado fría. Por ello, abogo por un método simple y funcional: el uso del mencionado termómetro sumergible que le permitirá saber que la temperatura del agua es la ideal para su bebé (entre 34 y 37°) de manera tal que no sienta frío, pero tampoco se queme.

Esponja natural o bolas de algodón: para ayudarse con ellas a deslizar la sustancia limpiadora a lo largo del cuerpito de su pequeño.

Talco para bebé o fécula para terminar el proceso y dejar al bebé bien sequito.

¿Dónde comprar todos esos elementos? Los cosméticos (como el champú, el jabón, y las esponjas y bolas de algodón), por ejemplo, se consiguen en perfumerías o grandes cadenas de perfumerías-farmacias. Una buena opción consiste en dirigirse a una gran tienda de artículos para bebés donde, seguramente, se podrá proveer de todos ellos. Y una excelente y moderna alternativa es agenciarse de ellos a través de Internet, la red de redes que los hombres solemos conocer y manejar de manera tan eficiente, y que también puede sernos de gran ayuda a la hora de criar y cuidar a nuestro bebé.

Cómo bañar al bebé

- En principio, coloque al alcance de su mano todos los elementos que necesitará, o sea, los que acabo de mencionar en el punto anterior. Al igual que en el cambio de pañales, usted no deberá moverse de al lado de su bebé desde que comience el baño hasta que finalice, por lo que todo lo que necesite deberá estar al alcance de su mano.

- Después, verifique que en la habitación haya una temperatura ambiente cercana a los 25°.

- Llene la bañaderita o el lugar donde vaya a sumergir a su pequeño con agua que esté a una temperatura adecuada, entre 34 y 37°. Recuerde: para ello cuenta con el termómetro sumergible.

- Usted ya tiene el "escenario de baño" armado y controlado, y ahora sólo queda ocuparse del bebé. Y para hacerlo es fundamental que antes se lave cuidadosamente las manos. Nunca olvide este paso: usted estuvo manipulando muchos elementos, usted se dispone a tocar el delicado cuerpo de su bebé y no quiere transmitirle indeseables gérmenes.

- Ya con las manos limpias, tome a su hijo, desnúdelo por completo y comience limpiando la zona anal y genital con un algodoncito empapado en aceite u óleo calcáreo, de manera tal de no ensuciar el agua del baño.

- Luego, coloque al bebé sobre una superficie impermeable como puede ser un plástico y enjabónelo utilizando la esponja, las bolas de algodón o, directamente, sus manos.

- Haga otro tanto con su cabeza y el champú.

- Ya enjabonado, levante al bebé pasando su mano izquierda por debajo de la nuca y la derecha por debajo de los tobillos e introdúzcalo muy suavemente en el agua.

- Una vez allí, sosténgalo firmemente con su mano izquierda y enjuáguelo con la derecha e invierta el orden si usted es zurdo. Asegúrese de que tiene su brazo "principal" libre para enjuagarlo mientras que el otro sirve de apoyo seguro para su cuello y cabeza durante el baño.

- Luego, delo vuelta, esto es, colóquelo sobre el vientre de forma tal de asegurarse de enjuagar bien la nuca, la espalda, la cola y la cara posterior de las piernas. En esta segunda etapa, también es altamente recomendable que usted utilice su brazo "principal" para deslizarlo a lo largo del cuerpo del bebé en pos de enjuagarlo, mientras que el otro hace de base. Para esto último, lo mejor suele ser cruzar el brazo a lo largo del pecho del pequeño.

- Cuando su bebé ya no tenga rastros ni de jabón ni de champú en su cuerpo, retírelo del agua e inmediatamente envuélvalo en sus toallas o su salida de baño. Es muy importante que haga esto sin demora alguna para evitar que el pequeño tome frío al enfriarse la temperatura del agua sobre su cuerpo.

- Luego, séquelo con mucho cuidado y suavidad. Una técnica excelente consiste en darle suaves golpecitos con la toalla, en lugar de friccionar o deslizar la toalla sobre su piel. Al secarlo, ponga especial cuidado en que queden bien secos los pliegues de su cuerpo que se encuentran en las rodillas, las axilas y el cuello, así como también el espacio entre los dedos de los pies y las manos. Es importante que tenga la precaución de no dejar mojado ni húmedo ningún sector de su cuerpo. Al principio, seguramente, le costará todo un trabajo tener esto en mente, pero lo cierto es que a medida que se haga el hábito de bañar a su bebé, podrá hacer esto poniendo piloto automático.

- Cuando esté seguro de que el cuerpo del bebé está verdaderamente seco, proceda a empolvarlo o entalcarlo. Cuando lo haga, tenga la precaución de extenderlo bien, de forma tal que no se amontone en algunos sectores.

> Toda agua almacenada, no importa lo profunda que sea, es potencialmente peligrosa para un bebé. Por lo tanto, nunca debe dejar de sujetar a su pequeño mientras lo está bañando.

Con qué frecuencia bañar al bebé

Por supuesto, mi recomendación primera es que consulte al pediatra para tener la respuesta más acertada a su bebé en particular. Igualmente, puedo comentarle que (contrariamente a otras épocas pasadas) hoy en día no se recomienda bañar diariamente a un bebé recién nacido, sino hacerlo dos o tres veces por semana. Ello se debe a que, por un lado, no resulta verdaderamente necesario, ya que un bebé de pocos días o pocas semanas lo único que verdaderamente ensucia con frecuencia son su cola y su genitales y para eso está el frecuente cambio de pañales. Pero, además, (y esto es lo más importante) porque la piel de un bebé pequeño es en extremo delicada y aún no está del todo preparada para recibir la "agresión" del agua y los agentes químicos contenidos en los jabones. Generalmente, a partir del cuarto mes, sí comienza a recomendarse el baño diario. Pero, insisto, consulte a su pediatra para obtener la respuesta más adecuada y saludable para su bebé.

¿Y si el bebé no se quiere bañar?

En general, los bebés disfrutan mucho del momento del baño. Sin embargo, como todo en la vida, también hay excepciones: es el caso de los pequeños que lloran, patalean y berrean a más no poder en cuanto intentamos colocarlos dentro de la bañera. En esos casos, lo mejor es no forzarlos y, momentáneamente, resolver el tema de otra manera. ¿De cuál? Pues limpiando el cuerpo del bebé sin sumergirlo en el agua, sino utilizando las toallitas que se venden especialmente para tal fin. Para ello, es bueno desnudarlo, limpiar su cola y genitales tal como si se lo fuera a bañar pero, en lugar de sumergirlo en la bañera, colocarlo sobre una toalla bien esponjosa, limpiarlo íntegro con las toallitas para bebés y, una vez higienizado, envolverlo en su correspondiente toalla o salida de baño. Eso servirá perfectamente en las primeras semanas. Si el pequeño, transcurrido ese tiempo, continúa empecinado en no entrar al agua, lo mejor será que consulte al pediatra de modo tal de tener un consejo profesional para encarar el problema.

Juguetes en la bañera

Los recién nacidos no necesitan (ni, en apariencia, valoran) la presencia de juguetes flotantes en el agua de su baño. Sin embargo, cuando los meses transcurran y su hijo comience a estirar sus bracitos, colocar en la bañera patitos flotantes u otros juguetes similares, hará que el momento del baño sea más entretenido y estimulante para el pequeño. Y es muy posible que también le facilite a usted la tarea, ya que el foco de atención del pequeño estará puesto en los juguetes. Tenga en cuenta que cuanto más coloridos sean, más atraerán la atención de su pequeño.

En síntesis

• Cuando vaya a bañar a su bebé tenga a mano todo lo que va a necesitar, pues una vez que comience a higienizarlo deberá permanecer allí para total seguridad del pequeño.

• La temperatura es fundamental, la del ambiente y la del agua. Nunca bañe a su bebé en un ambiente frío o fresco y compruebe que la temperatura del agua sea la adecuada: para ello, utilice los termómetros sumergibles que se venden para tal fin.

• Lávese las manos antes de tocar al bebé.

• Nunca deje de sujetarlo firmemente mientras está sumergido.

• Séquelo con extrema suavidad, pero no deje ningún lugar de su cuerpo ni siquiera mínimamente húmedo.

• Termine el proceso con talco para bebé o fécula.

Capítulo 6

Limpieza y cuidado del cordón umbilical

Lo digo por experiencia propia: hay algo que a los hombres al cuidado de bebés nos impresiona mucho y es ver (y, aun más, manipular) el cordón umbilical, esa zona aún en proceso que terminará por ser el bonito ombligo de nuestro pequeño. Al igual que con muchas otras cosas vinculadas a bebés y niños, las mujeres parecen tener especial resistencia al respecto. Pero lo cierto es que al "sexo fuerte" le impresiona —y, a veces, mucho— esta cuestión del cordón umbilical. Sin embargo, si usted se encuentra a cargo de un hijo recién nacido deberá hacerse fuerte y enfrentar la cuestión de la limpieza de la zona, en pos de evitar que alguna infección aqueje a su pequeño. ¡Ánimo! En verdad no es tan difícil y un dato de oro para afrontar la situación es el siguiente: al bebé no le duele el cordón.

Conociendo el cordón

Lo que se conoce con el nombre de *cordón umbilical* era el "caño" por donde la mamá proporcionaba los nutrientes al bebé cuando este se encontraba dentro de su cuerpo a lo largo de todo el embarazo. Una vez que el pequeño ha emergido al mundo, deja de tener función alguna y el cuerpo lo desecha; el resto de cordón umbilical que permanece en el bebé después del nacimiento, se va modificando con el correr de los días y se cae entre 5 y 15 días después del parto o, a lo sumo, un mes después. La "cicatriz" resultante de todo ello es el ombligo. Sin embargo, mientras transcurre todo el proceso que acabo de describir, es muy importante higienizar de manera adecuada ese sector y cuidar que quede seco ya que, si no se lo hace, se corre el riesgo de que se depositen secreciones que podrían dar lugar a una infección.

Higiene del cordón

Una vez salido de la clínica u hospital donde se produjo el nacimiento usted recibirá a su pequeño con los restos ennegrecidos del cordón umbilical atados con una pinza de plástico. Al cabo de unos días, esos restos se caerán… con pinza y todo. Mientras tanto, tal como adelanté, usted deberá poner manos a la obra para limpiarlo correctamente. Anímese: no es tan difícil como puede parecer a primera vista. Algunos tips simples y cien por ciento efectivos que recomiendan todos los pediatras son los siguientes:

• Coloque a su bebé boca arriba en alguna superficie limpia y confortable, y limpie suavemente la zona con agua hervida o con alcohol.

- Séquela bien con una gasa esterilizada. Ponga especial cuidado en que no quede húmeda: el exceso de humedad podría convertirla en un ámbito propicio para una infección o (cuestión menos grave, pero igualmente evitable) a veces produce un retraso en la caída del cordón.

- Cúbrala con otra gasa esterilizada embebida en el antiséptico o el producto cicatrizante *que le haya recomendado su pediatra*.

- Fije bien todo con cinta adhesiva.

- Realice esta limpieza, como mínimo, una vez al día. Si en el cambio de pañales nota que el cordón se mojó o humedeció, repítala.

Otros consejos y precauciones a tener en cuenta

- No utilice ningún antiséptico que contenga yodo para la limpieza del cordón umbilical de su bebé.

- Si la zona comienza a enrojecerse, a supurar o a emanar un olor desagradable, consulte al médico inmediatamente.

- Nunca haga nada para acelerar la caída del cordón. Se trata de un proceso que debe producirse de forma natural y a su debido tiempo. Eso sí: si cuando su hijo cumple un mes aún no se ha caído, consúltelo con el pediatra.

- En muchas ocasiones, después de que se cae el cordón, el ombligo puede continuar rojo y hasta tener una pequeña cantidad de secreciones. Por lo general eso no tiene importancia y se soluciona colocando alcohol que seca y cicatriza la zona en pocos días. Pero si ello continúa, consulte al pediatra.

Secretos de padre avezado

Un bebé varón necesitará mayor frecuencia de limpieza del cordón que una beba debido a que su pitito hace que muchas veces haga pis hacia arriba, con lo que moja el resto del cordón. Téngalo en cuenta.

En síntesis

- Hasta que se caiga naturalmente y por sí mismo, usted deberá limpiar y secar la zona del cordón umbilical, como mínimo, una vez al día.

- Igualmente, con cada cambio de pañal compruebe que la zona siga seca. Si no lo hace, proceda a limpiarla de acuerdo a lo que se indica en este capítulo.

- No haga nada para acelerar la caída del cordón.

- Si comienza a haber pus, mal olor o enrojecimiento, consulte de inmediato al médico.

Capítulo 7

Vestir al bebé

Su bebé ya está bañado, sus pañales ya están limpios (al menos por un rato) y, en caso de que fuera recién nacido, su cordón ya se encuentra también convenientemente seco e higienizado. Ahora queda un último y sencillo paso: vestirlo. Y si bien hacerlo resulta mucho más fácil que bañarlo, cambiarlo o limpiarle su cordón, un par de consejos nunca estará de más para los hombres quienes, históricamente hablando, recién estamos casi estrenando nuestras habilidades para cuidar niños.

Curso básico

- Coloque a su pequeño en posición boca arriba sobre una superficie cómoda, plana y firme, tal como un cambiador o una cama.

- Al igual que en el caso del baño o el cambio de pañales, deje al alcance de su mano todo lo que necesitará para vestir al pequeño.

- Como generalmente la cabeza de un bebé no tiende a ser redonda sino más bien ovalada, para ponerle una prenda desde arriba lo más conveniente es introducir el cuello por la parte posterior de la cabeza y, luego de que se estire, pasarla por la zona de delante de su cara. Al hacerlo, tenga cuidado de no rozar el rostro, especialmente la nariz.

- Por lógica, a la hora de quitársela, lo más conveniente es realizar la misma maniobra pero en sentido inverso, esto es, pasar primero el cuello de la prenda por delante de la cara del bebé para, luego, deslizarla hacia la parte posterior de la cabeza.

- Para vestirlo por los brazos, arrugue una manga y ensanche bien el borde con una mano, y con la otra doble el brazo del bebé y guíe su puño para que pase por la abertura, teniendo cuidado de que las manos del bebé estén cerradas. De lo contrario, algunos de sus deditos podrían engancharse con la manga. Luego, mientras con una mano sostiene su mano, con la otra deslice suavemente la manga por su brazo. Repita esta operación con la otra manga.

- Baje la parte delantera de la prenda por el pecho, levante al bebé por las piernas y baje la parte posterior. Pase la ropa por el abdomen y ajústela en la entrepierna.

- Si la prenda a colocar no se introduce por la cabeza sino que se cierra por detrás (tal como sucede con muchas camisitas que tienen cintas o un par de botones en la espalda) entonces, deberá colocársela en la posición ya indicada (boca arriba) para, luego, girarlo hacia un lado, de modo tal de poder sujetarlo con una de sus manos y abrocharlo con la otra.

- Para colocarle el pantaloncito o similar, con una mano mantenga abierta la entrada de la pierna de la prenda, mientras que con la otra flexiona suavemente la pierna del bebé; hecho esto, flexione suavemente la pierna e introduzca su pie por la abertura hasta encajarlo en la punta. Haga lo mismo con la otra pierna.

Otro consejo

Cuando se viste al bebé con prendas de una sola pieza, primero se le debe colocar la parte superior de esta y luego las piernas.

En síntesis

- Vestir a un bebé no es difícil. Sólo es necesario incorporar la técnica que detallo y, una vez aprendida, saldrá como por arte de magia.

Capítulo 8

La alimentación del bebé y el niño pequeño

Supongo que usted ya lo sabe pero, por si acaso no es así, le comento: en los primeros meses de vida los bebés solamente toman leche. Esta puede provenir del pecho materno o ser lo que se conoce como "leche de fórmula". El primero de los casos es la opción ideal, ya que se trata del alimento ideado y fabricado especialmente para ellos que se adecua cien por ciento a las necesidades del bebé. En el segundo de los casos, la ciencia y la tecnología han hecho lo posible por emular en sabor y propiedades a la leche materna… y no les ha salido nada mal.

Aprender a manipular leche, mamadera y otros enseres será, entonces, su primera misión en lo que a alimentación de su pequeño hijo se refiere. Y lo primero para decir al respecto es lo siguiente: la higiene escrupulosa en todos los procedimientos es fundamental para cuidar la salud de su pequeño hijo.

Dicho esto, pasemos a que conozca los elementos que componen el equipo de alimentación de un bebé.

Conociendo el equipo de alimentación del recién nacido

Mamadera

La mamadera es ese recipiente en cierta medida similar a una pequeña botella que contiene en su parte superior una suerte de chupete que se llama *tetina*. Está ideada y diseñada de manera tal que le facilite al bebé la toma de leche. Puede ser tanto de vidrio como de plástico y, actualmente, el mercado ofrece gran variedad de ellas, de tamaños y formatos diversos. Las más recomendables son las de boca ancha que facilitan enormemente el lavado. Se lo dice alguien que trató de dejar verdaderamente limpias un par de mamaderas de boca un tanto angosta.

A la hora de organizarse conviene tener un buen número de ellas, de forma tal de poder preparar todas las que necesite su hijo una sola vez al día y ya tenerlas listas en la heladera para que, cuando él las demande, sólo le reste calentarlas y dárselas. ¿Cuánto es un buen número? Digamos que entre seis y ocho.

Leche de fórmula o maternizada

Se trata de una preparación que, tal como lo adelanté un poco más arriba, intenta asemejarse al máximo a la leche materna. Al igual que con las mamaderas, existe una gran variedad de estas leches en el mercado: algunas vienen en polvo y deben diluirse, mientras que otras están listas para usar; todas ellas cumplen con estrictas normas de calidad.

Las leches maternizadas listas para usar se presentan generalmente en envase de cartón, y constituyen la opción más práctica, si bien también suelen ser más caras.

La leche en polvo, por su parte, debe diluirse en agua y, por lo tanto, el procedimiento es un poco más complicado. Cuando lo realice es fundamental que siga al pie de la letra las instrucciones de preparación que aparecen en el envase, ya que si le pone menos polvo su bebé no recibirá suficientes nutrientes, mientras que si añade más, sólo hará que ingiera demasiadas grasas y proteínas, y menos agua de la que necesita. Por lo tanto, ajústese a las cantidades indicadas y evitará que su bebé tenga problemas digestivos. El uso de la cuchara medidora incluida en el envase de la leche permite medir la cantidad necesaria.

Todas ellas se compran en farmacias y muchas también suelen venderse en hipermercados.

Otros elementos:

- Tapas para guardar las mamaderas llenas en la heladera.

- Tetinas de repuesto, por si alguna se rompe.

- Embudo para facilitar el llenado de las mamaderas.

- Cuchara medidora que, tal como indiqué, suele venir con el envase de leche y a la cual es importante conservar fuera de éste.

- Pinza plástica para retirar cada uno de los elementos.

- Envase plástico para guardar los elementos esterilizados.

- Cepillo de limpieza para lavar bien a fondo la mamadera luego de utilizarla.

Cómo preparar la mamadera

- Lávese las manos y séqueselas con una toalla o, mejor aún, con un papel descartable de rollo de cocina o similar.

- Ponga agua esterilizada y tibia en la mamadera. El agua esterilizada puede obtenerla hirviéndola durante un par de minutos y, luego, dejando que se enfríe o bien, utilizando agua mineral.

- Agréguele a la mamadera con agua la dosis de leche en polvo que se señala en el envase o le ha sido indicada por el médico.

- Tape la mamadera. Para hacerlo, introduzca la tetina en el anillo de plástico de la botella, enrosque y cierre con el tapón protector transparente.

- Agítela de modo tal lograr un líquido uniforme y sin grumos.

- Inmediatamente, coloque la mamadera en la parte trasera de la heladera para que se enfríe lo antes posible. Tenga en cuenta que, tal como adelanté, podrá hacer esto en una sola sesión preparando en ella todos los biberones para ese día.

- Caliente el biberón justo antes de servirlo y sólo una vez. Nunca recaliente una mamadera. Para hacerlo, déjelo reposar un par de minutos en una olla con agua caliente sin que esta toque la tetina.

- Antes de dársela de beber al pequeño, verifique que la temperatura sea la correcta dejando caer una gota sobre el dorso de su mano, ya que la temperatura ideal es de 37°, o sea, debe estar a la misma temperatura que el cuerpo.

- Si está demasiado caliente, enfríela poniendo la mamadera en un recipiente con agua fría sin que se moje la tetina.

- Si está demasiado fría, colóquela un par de minutos en un recipiente con agua caliente, también cuidando que no se moje la tetina.

¿Se pueden calentar las mamaderas en el microondas?

De hecho, se puede pero *no es recomendable,* ya que el particular funcionamiento de este electrodoméstico puede hacer que se formen grumos en la leche. Si la utilización del microondas se torna imprescindible, luego de sacar la mamadera, déjela reposar durante un minuto y después agítela unas diez veces.

Limpieza y esterilización de las mamaderas

La forma más corriente de esterilizar las mamaderas es hirviendo todos los elementos que estén en contacto con la leche y con el bebé. Para ello:

- Lave las mamaderas y las tetinas con agua jabonosa y un cepillo, de modo tal de eliminar todos los restos de leche que pudieran tener.

- Enjuáguelas con abundante agua corriente.

- Ponga todos los elementos en agua —teniendo la precaución de que queden bien sumergidos—, lleve el recipiente al fuego y manténgalos en ebullición por 30 minutos.
Otra alternativa consiste en utilizar un esterilizador eléctrico para lo cual se deberá adquirir un equipo que se vende especialmente para tal fin, el cual consiste en un recipiente plástico y una bandeja para sumergir los utensilios. Es, por supuesto, más oneroso pero facilita la tarea.
También pueden esterilizare en el microondas con equipos especiales que esterilizan mediante el vapor que se forma dentro del recipiente.

- Una vez esterilizados se pueden guardar durante 48 hs en la heladera.

¡Importante!

No recicle leche ya usada.
Si luego de una toma sobra leche en la mamadera, descártela, nunca la guarde para reutilizarla. Puede contaminarse con bacterias que afectarían seriamente la salud de su bebé.
No guarde biberones llenos por más de 24 horas.
Si en ese plazo no fue bebido, se debe tirar. Nuevamente, y como en el caso anterior, hay peligro de contaminación.
Respete la cadena de frío.
Si se corta el suministro de energía eléctrica cuando las mamaderas se encuentran cargadas y la leche pierde frío, deben descartarse sin más.

Esterilice las mamaderas durante los primeros 6 meses. Luego de ese tiempo, el sistema inmunológico de su bebé ya será suficientemente fuerte como para poder lidiar con ciertos gérmenes.

Cómo dar la mamadera

- Instálese con su bebé en un lugar confortable. Tal vez pueda ser su sillón preferido.

- Sostenga al pequeño medio sentado con la cabeza sobre el codo doblado y la espalda a lo largo del antebrazo. De esa forma, al estar su cabeza más alta, podrá tragar con menos dificultad. Es importante que el bebé no reciba la mamadera acostado boca arriba, ya que esta posición dificulta la deglución y puede hacerle sufrir náuseas.

- Acaricie suavemente la mejilla del pequeño para estimular el reflejo de búsqueda y succión.

- Cuando gire la cabeza, introduzca la tetina en su boca con sumo cuidado.

- Procure que la tetina de la mamadera esté siempre llena de leche para evitar que el bebé trague aire junto con la leche.

- Cuando el contenido de la mamadera se haya acabado o su bebé se haya saciado (lo cual lo sabrá porque intentará sacar la tetina de su boca) retírele la mamadera tirando suavemente de la tetina. Si eso no da resultado, coloque el dedo meñique en la comisura de los labios para detener la succión.

¿Cuántas mamaderas por día debo darle?

La respuesta a esta pregunta sólo la tiene su bebé. Pero para que tenga una idea general al respecto que le sirva de guía, tenga en cuenta que lo más probable es que necesite alimentarse cada 3 o 4 horas y tome entre 6 y 8 mamaderas diarias de, aproximadamente, 100 cc cada una. A medida que pase el tiempo, las tomas se irán espaciando y serán de mayor cantidad.

El provechito

Es necesario que usted haga eructar a su bebé luego de que tome la mamadera. ¿Por qué? Porque probablemente el pequeño haya tragado aire mientras se alimentaba y debe expulsarlo, ya que si no lo hace podría ocasionarle molestias digestivas. Si con el eructo su bebé regurgita (o sea, sale algo del líquido ingerido, como si vomitara sin hacer fuerza) no se alarme: se trata solamente de que ha comido de más y el cuerpo, sabiamente, se desprende del excedente.

¿Cómo hacerle provechito a su bebé? Coloque al pequeño sobre su pecho bien por encima del tórax, de manera tal que su cabecita asome por arriba de sus hombros. En esa posición, frótele la espalda o propínele suaves palmadas. Precaución imprescindible: cúbrase el hombro con una servilleta o similar. Recuerde que el bebé puede regurgitar.

Un dato para la sorpresa:
los hombres pueden dar de mamar

Aunque, como todos sabemos, no es un hecho en absoluto frecuente, lo cierto es que, para sorpresa de muchos, los

---

hombres pueden dar de mamar. Efectivamente, se han documentado varios casos de varones que han amamantado para alimentar a bebés huérfanos. ¿Con leche propia? Sí, señor: con leche propia. Sucede que el sexo masculino, si bien no está muy bien dotado para el amamantamiento debido a lo poco desarrollado de sus mamas y a ciertas cuestiones hormonales, dispone de pezones y de cierta cantidad de glándulas mamarias que hacen que la producción de leche no sea algo imposible aunque sí, verdaderamente excepcional. En relación con las hormonas, la prolactina (conocida también como "hormona de la leche") se encuentra presente tanto en hombres como en mujeres, pero sólo en ellas y en la última etapa de embarazo y en el puerperio aumenta a niveles tales como para permitir la producción de leche. Por ello, una de las causas de que un hombre produzca leche es un desequilibrio en el normal funcionamiento de esta hormona. Sin embargo, no hace falta pasar por ese estado, en cierta medida patológico, para producir leche. La estimulación mecánica y repetitiva de pechos y pezones en los hombres, puede llevar a un incremento de la prolactina, de manera tal que un varón puede producir leche. Sin embargo, no se trata de algo que pueda lograrse rápido ni fácilmente: para que la estimulación tenga algún resultado debe hacerse diariamente y durante largos períodos. El caso más reciente de lactancia paterna ocurrió hace unos siete años cuando un hombre de Sri Lanka diera de lactar a dos de sus niñas luego de que su esposa muriera tras el nacimiento de la más pequeña. ¿Pueden los niños tomar esta leche de manera segura? Si es producida por una causa natural (como la estimulación de pezones) y no por una patológica, sí. De hecho, es prácticamente idéntica a la leche materna.

A partir de los 6 meses

Entre los 4 y 6 meses (la última palabra al respecto la tendrá el pediatra) usted podrá comenzar a darle a su bebé otros alimentos además de la leche. Se tratará de un proceso gradual que permitirá pasar de una alimentación solamente en base a leche, a otra que incluya todos los alimentos disponibles y saludables para un niño pequeño.

Se debe comenzar con alimentos muy fáciles de digerir y luego se podrá ir pasando a otros más elaborados y de más difícil digestión.

Una primera alternativa muy simple y saludable es, sencillamente, calentar bien uno de los biberones diarios que toma su bebé y agregarle a la leche una cucharadita de alguna harina bien fina (arroz, trigo, cebada, etc.) y agitarlo enérgicamente de manera tal que la harina se disuelva bien y se cueza por acción de la leche caliente. Luego, espere a que la leche llegue a la temperatura habitual en que su pequeño la toma y désela. Eso es lo que se conoce con el nombre de "papilla" y es una excelente primera comida para su bebé. Luego, podrá ir probando con algunas de las opciones que le ofrezco a continuación. Como podrá ver, todas ellas son en extremo simples y no se necesita ser un chef para realizarlas.

Opciones ultra-simples
- 1 yogur entero.
- 1 jugo de tomate: 1 tomate partido al medio y rallado, sin la cáscara.
- 1 postrecito lácteo comprado ya hecho.
- 1 flancito comprado ya hecho.
- 1 manzana pelada y rallada.
- 1 potecito de gelatina comprada ya hecha.

Sopa de zanahoria
Ingredientes:
  1 zanahoria pequeña o, a lo sumo, mediana
  1 taza de agua

Preparación:
- Pele la zanahoria, córtela en rodajas y hiérvala hasta que quede bien tierna.
- Licúela con el agua hasta obtener una preparación homogénea.
- Cuélela antes de dársela al bebé.

Sopa de zapallito
Ingredientes:
  ½ zapallito (puede ser largo o redondo)
  1 taza de agua

Preparación:
- Corte el zapallito en rodajas y hiérvalo hasta que quede tierno.
- Licúelo con el agua hasta obtener una preparación homogénea.
- Cuélela antes de dársela al bebé.

Sopa crema de berenjena
Ingredientes:
  ½ berenjena grande
  1 taza de agua
  2 cucharadas de queso crema

Preparación:
- Pele la berenjena, córtela en rodajas y cocínela en el agua hasta que esté bien tierna.
- Retire del fuego, agregue el queso crema y el agua, y licue hasta obtener una preparación homogénea.

Fideos a la yema

Ingredientes:

½ taza de fideos secos de tamaño chico.

½ yema de huevo duro.

2 cucharadas de aceite de girasol.

Preparación:

- Pise la yema de huevo y mézclela bien con el aceite.
- Cocine los fideos en agua hirviendo hasta que queden bien cocidos, aproximadamente 8 minutos.
- Cuele los fideos y mézclelos bien con la pasta de aceite y huevo.

Fideos con pollo

Ingredientes:

½ taza de fideos secos de tamaño chico.

1 cucharada de pechuga de pollo hervida y sin piel.

1 cucharada de aceite de girasol.

Preparación:

- Procese la pechuga de pollo y mézclela bien con el aceite.
- Cocine los fideos en agua hirviendo hasta que queden bien cocidos, aproximadamente 8 minutos.
- Cuele los fideos y mézclelos bien con la pechuga mezclada con el aceite.

Fideos con carne

Ingredientes:

½ taza de fideos secos de tamaño chico.

1 cucharada de carne de ternera bien cocida a la plancha.

1 cucharada de aceite de girasol.

Preparación:

- Procese la carne de ternera y mézclela bien con el aceite.

- Cocine los fideos en agua hirviendo hasta que queden bien cocidos, aproximadamente 8 minutos.
- Cuele los fideos y mézclelos bien con la carne mezclada con el aceite.

Fideos con manteca

Ingredientes:

½ taza de fideos secos de tamaño chico.
2 cucharaditas de manteca

Preparación:

- Cocine los fideos en agua hirviendo hasta que queden bien cocidos, aproximadamente 8 minutos.
- Cuélelos y mézclelos con la manteca hasta que esta se derrita.

Fideos a la crema

Ingredientes:

½ taza de fideos secos de tamaño chico.
2 cucharadas de crema de leche.

Preparación:

- Cocine los fideos en agua hirviendo hasta que queden bien cocidos, aproximadamente 8 minutos.
- Proceda a colarlos y mézclelos con la crema de leche.

Puré de manzana

Ingredientes:

1 manzana pelada y sin semillas.
Agua, cantidad necesaria.

Preparación:

- Corte la manzana en pequeños cubos y colóquela en una pequeña olla, con un dedo de agua.

- Cocine hasta que ablande (aproximadamente 5 minutos) y cuélela.
- Deje enfriar y procésela.

Puré cremoso de pera

Ingredientes:

1 pera pelada y sin semillas.
Agua, cantidad necesaria.
1 cucharada de leche en polvo.

Preparación:

- Corte la pera en pequeños cubos y colóquela en una pequeña olla, con un dedo de agua.
- Cocine hasta que ablande (aproximadamente 5 minutos) y cuélela.
- Deje enfriar y procésela.
- Agréguele la cucharada de leche en polvo y mezcle bien.
- Deje enfriar.

Puré cremoso de banana

Ingredientes:

1 banana bien madura.
Agua, cantidad necesaria.
1 cucharada de leche entera.

Preparación:

- Sin pelar la banana, colóquela en una olla al fuego con agua suficiente como para que la cubra.
- A partir del hervor, baje el fuego y cocínela durante 20 minutos.
- Retírela del agua caliente, deje que se enfríe y pélela.
- Pise la banana utilizando un tenedor y agregue la leche para que el puré quede más cremoso y nutritivo.

Un recurso fácil y nutritivo: los licuados

A partir de los 6 meses un excelente recurso para alimentar fácilmente a su hijo son los licuados. Es en extremo simple: solamente pele una fruta y retírele las semillas, colóquela cortada en trozos en la licuadora y agréguele un vaso de leche o de yogur entero. Tape la licuadora y licue hasta que la fruta se disuelva bien. ¡Listo el licuado!

A partir del año

Usted puede continuar dándole todos los platos que mencioné hasta ahora pero, además, podrá agregar estos otros.

Zapallito al horno con queso
Ingredientes:
1 zapallito (puede ser largo o redondo).
2 cucharadas de muzarella.

Preparación:
- Corte el zapallito al medio; si es largo, hágalo longitudinalmente.
- Colóquelo en una fuente que pueda ir al horno.
- Cocínelo en el horno durante 35-40 minutos o hasta que quede blando.
- Cuando esté espolvoree la mozzarella por encima y hornee unos 5 minutos más.

Panqueques con queso
Ingredientes:
2 panqueques.
2 cucharadas de mozzarella cortada en cubos.

Preparación:
- Rellene cada panqueque con un poco de mozzarella.
- Ciérrelos en forma de cilindro y tuéstelos un poco para que el queso se funda.

Huevo pasado por agua con queso
Ingredientes:
1 huevo.
1 cucharadita de manteca.
1 cucharada de queso rallado.

Preparación:
- Hierva el huevo durante 3 minutos.
- Retírelo del agua, sáquele la cáscara y viértalo en un vasito.
- Agréguele la manteca y el queso, y mezcle bien.

Huevo cremoso al pan
Ingredientes:
1 huevo.
1 cucharada de queso crema.
1 rodaja de pan lactal sin cáscara.

Preparación:
- Hierva el huevo durante 3 minutos.
- Tueste la rodaja de pan.
- Retire el huevo del agua, sáquele la cáscara y viértalo en un vasito.
- Rompa la tostada a migas lo más pequeñas posible y mézclelas con el huevo.

- Agregue el queso crema y mezcle bien.

Ricota dulce
Ingredientes:
½ taza de ricota.
1 manzana pelada rallada.
1 cucharada de azúcar.

Preparación:
- Mezcle bien todos los ingredientes y dele un golpe de freezer (unos 10 minutos) para que se enfríe bien.

A partir de los 2 años

Una vez que su hijo ya tenga la dentadura completa y pueda sostener firmemente con sus manos, los sándwiches comienzan a ser una opción práctica y nutritiva. Sin embargo, sería bueno que descartara el clásico sándwich de jamón y queso o de salame, y se inclinara por otras alternativas más saludables y naturales. Es increíble la cantidad de opciones que aparecen cuando nos damos cuenta de que hacer un sándwich se trata de colocar ingredientes entre dos panes... y que esos ingredientes pueden ser cualquiera que nos gusten o que se nos ocurran.

Algunos rellenos ingeniosos y nutritivos para sándwiches

- Carne de pollo cocinada, sin piel y picada, mezclada con queso crema y tomate picado.
- Huevo duro picado mezclado con queso crema y zanahoria cruda rallada.

- Rodajas de carne fría al horno con queso crema y unas hojas de espinaca cruda.
- Mozzarella con aceitunas (negras o verdes) picadas.
- Queso cottage con tomate picado.
- Puré de palta con brotes de soja crudos.
- Ricotta con nueces picadas.

Trucos para cuando el niño no quiere comer

Antes de los mentados trucos, dos advertencias.

La primera y principal es que tal vez su hijo (de meses o de un par de años) no se está "negando a comer": quizás sufre de un dolor de garganta o tiene fiebre y eso le genera inapetencia. Por lo tanto, primero averigüe si no son esas las causas de la negación de su hijo a consumir alimentos, para poder implementar una solución al verdadero problema.

La segunda: tenga en cuenta que, de la misma manera en que los adultos a veces tenemos mucho apetito y otras no (y no podemos encontrar una causa conocida para ello) lo mismo sucede con los niños. Aunque los manuales de puericultura nos informan casi cuántos gramos debe comer un pequeño en cada comida, lo cierto es que su hijo a veces tendrá más hambre y otras menos, y no es preocupante si hoy sólo tomó medio tazón de sopa cuando siempre venía tomando uno. Sobre todo, porque mañana es muy posible que vuelva a tomar nuevamente el tazón entero.

Advertido esto, los trucos o estrategias:

- Muchos niños suelen llegar con sensación de plenitud a las comidas por haber tomado antes mucho líquido, especialmente gaseosas o esos jugos comercializados que son extremadamente dulces y que parecen golosinas líquidas. Por lo tanto, impida que su hijo tome líquido en exceso (sobre todo dulces) durante la hora anterior a las comidas principales.

- Recuerde que el ejercicio siempre abre el apetito. Una caminata antes del almuerzo o de la cena, unas vueltas en triciclo por el jardín o un baile al son de su música preferida podrán ayudar a que su hijo tenga hambre en la próxima comida.

- Realice esas "simulaciones teatrales" que desde hace décadas padres y madres vienen poniendo en práctica en pos de que sus hijos coman la comida que se les ha servido. Desde simular que el bocado sobre el tenedor es una suerte de avión que viene volando y que desea aterrizar en la boca de su hijo, hasta explicarle que cada comida es una fiesta que hace su panza y que, por ejemplo, ese cucharadita de huevo pasado por agua tiene muchas ganas de ir a la fiesta. Todo juego y recurso imaginativo es válido.

- Muchos padres y madres de generaciones anteriores lograron que sus hijos comieran algo tan poco atractivo para un niño como es la espinaca, simplemente mostrándole y recordándole que era la comida favorita de Popeye. Haga usted algo parecido y hasta atrévase a decirle a su pequeño que x plato es la comida predilecta de algún personaje que le guste a su hijo.

En síntesis

- Durante los primeros 4 meses de vida su hijo sólo tomará leche. Lo ideal es que sea materna, pero cuando esto no es posible se reemplaza por leche maternizada o de fórmula.

- Para ello se utilizan mamaderas o biberones, los cuales deben ser llenados, conservados y limpiados según estrictas normas de higiene.

- Luego de que el bebé tome cada mamadera, se lo debe hacer eructar para evitar molestias digestivas.

- A partir de los cuatro meses podrá ir incorporando otros alimentos: comenzará con papillas y cada vez irá complejizando, variando y enriqueciendo más su dieta.

Capítulo 9

Dormir al bebé

¿Cómo hacer dormir a un bebé? ¿Qué pases mágicos son necesarios para que un pequeño se duerma (al menos por un rato) y nos permita hacer cosas tales como bañarnos, leer un libro o navegar por Internet? En principio, es bueno entender que esto varía mucho de acuerdo a la edad. Por supuesto, también con el bebé, pero tener una idea acerca de qué esperar en cada etapa será de mucha ayuda.

El recién nacido

El recién nacido –hasta aproximadamente el tercer mes de vida– no distingue el día de la noche y suele dormir más de veinte horas diarias con interrupciones cada dos o tres horas para comer. Efectivamente: este primer ciclo de sueño del bebé está relacionado con la frecuencia de su alimentación, por lo que come cada vez que se despierta y se despierta únicamente para comer. A medida que el tiempo transcurre, ritmo de alimentación y de sueño se independizan cada vez más. En esta primera etapa, además, puede quedarse dormido en cualquier sitio (cosa que usted podrá comprobar) y una vez que lo hace su sueño es realmente muy profundo; tiene picos durante los cuales se lo puede despertar con relativa facilidad, pero vuelve rápidamente a su sueño plácido y profundo. O sea: en este primer período usted no podrá ni deberá hacer nada para dormir al niño, sino simplemente plegarse a su ritmo, al que él propone.

Igualmente, si bien es demasiado pronto para imposiciones del tipo "ahora debes dormir", sí es aconsejable que usted lo ayude a distinguir entre el estado de vigilia y el de sueño. ¿Cómo hacer tal cosa? Muy simple: en los pocos momentos en que su bebé no esté despierto, no lo deje en la cuna: tómelo en brazos, dedíquele atención, háblele, juegue con él. De esa forma podrá comenzar a distinguir lo que es estar despierto de lo que es estar dormido, algo totalmente obvio para un adulto, pero aún por aprender para un niño recién llegado al mundo. Lo mismo vale para el sueño: cuando le "toque" dormir, colóquelo en la cuna, aquiete el ambiente (oscurézcalo levemente y siléncielo lo más posible) y acúnelo. De esa forma, en su mente comenzará a asociar ese estado con el de sueño.

Entre los 3 y 6 meses

Hacia el tercer mes, comienza a establecerse el ritmo de sueño-vigilia: el sueño nocturno se prolonga entre cinco y nueve horas y, además, el bebé realiza tres o cuatro siestas a lo largo del día. En este punto usted ya irá conociendo las señales de que su bebé tiene sueño (las que indico debajo) y, nuevamente, si tiene problemas para dormirse, las tácticas para lograr que lo haga son básicamente las mismas que en la etapa anterior.

Nuevamente, utilice estrategias para acentuar la idea de estar despierto: juegue con el niño, cántele y, sobre todo, mantenga al bebé lejos de la cuna y, si es posible, de la habitación.

Señales de que el bebé tiene sueño

- Bostezos
- Párpados caídos
- Mirada perdida
- Pestañeo lento
- Movimientos corporales torpes y entrecortados
- Irritabilidad y eventual llanto

Entre los 6 meses y el año

A partir del sexto mes, el bebé tiene un ritmo de sueño y comida ya bien establecido: duerme once o doce horas por la noche y suele realizar dos siestas breves: una por la mañana y otra por la tarde. Este es un buen punto para comenzar a coordinar una rutina. Pero también es un momento en el cual el niño opondrá resistencia a ello ya que, a medida que madure, no se dormirá si puede evitarlo, pues preferirá mantenerse despierto para no perderse nada de lo que pasa a su alrededor. ¿Qué hacer entonces? Educar, encaminar, guiar. De forma similar a la que a un niño se le enseña a comer y a caminar, debe enseñársele a dormir. Eso minimizará las posibilidades de que tenga problemas de sueño en el presente y en el futuro. Y, para hacerlo, hay una palabra fundamental y básica: rutina. La rutina, la repetición, el hábito —sobre todo en lo relativo al horario— educará a su hijo en un ritmo de sueño conveniente y saludable. Algunos puntos a tener en cuenta al respecto son los siguientes:

- Establezca un horario para el sueño y manténgalo.
- Haga que los momentos anteriores a irse a la cuna a la noche sean placenteros para el niño, pero de una manera serena. Un baño tibio seguido de algunos masajes relajantes, unas palabras suyas dichas en voz baja o una música suave y calma son excelentes opciones.
- Permítale llevarse a la cuna un juguete.
- Si usa chupete, déjele uno cerca de la almohada.
- Acuéstelo cuando aún se encuentra despierto.
- Ya en la cama o cuna, y dele suaves y rítmicas palmaditas hasta que empiece a dormirse.

A partir del año

Desde el año en adelante un niño duerme unas trece horas por noche y una siesta luego del almuerzo. En ambas ocasiones, será fundamental seguir respetando el orden de la rutina. Eso organiza al niño y le da seguridad, aunque en un primer momento pueda enfurruñarlo.

¿Qué hacer con las pesadillas?

Las pesadillas son algo normal en todo niño, pero eso no significa que no debamos ayudarlo cuando se despierta terriblemente asustado por una de ellas y hasta, en la medida de lo posible, prevenirlas. A continuación, algunos consejos:

- Procure que los momentos antes de ir a dormir (digamos, las últimas dos horas) sean lo más plácidas posibles. De bebé y niño pequeño, darle un baño de inmersión relajante, contarle algún cuento sin violencia (ninguna Caperucita comida por un lobo, por ejemplo), jugar un poco con su muñeco preferido y hacer aquellas cosas que le gusten y lo tranquilicen, por ejemplo. Cuando sea un niño más grande y mire televisión antes de dormir, corroborar que los programas o películas no incluyan escenas de violencia o terror.

- Acondicione su habitación de manera tal de minimizar los sentimientos de miedo. Los terrores nocturnos y el natural miedo a la oscuridad que experimenta el niño durante la vigilia están relacionados con las pesadillas una vez que se duerme. Por lo tanto, si algo presente en la habitación le causa miedo, no dude en retirarlo o modificarlo.

- Cuando la pesadilla ya se ha producido y el niño llama gritando o llorando, su presencia o la de la madre para tranquilizarlo es fundamental. Acuda rápido a su lado, pregúntele qué le paso, escuche la pesadilla en caso de que el niño quiera contarla pero no lo obligue a hacerlo y, luego, recuérdele e insista en que sólo fue un sueño y que la realidad es otra. Remarque el hecho de que tanto usted como su pareja están allí para cuidarlo y que él no debe dudar en llamarlos.

- Cuando se retire del cuarto, dejar prendida una luz indirecta dentro de él o en el pasillo contiguo al dormitorio suele ser una gran ayuda para superar estos trances, muy especialmente si el pequeño se lo solicita.

- ¿Es una buena idea llevar al niño a nuestra cama luego de una pesadilla en pos de calmarlo y proporcionarle sentimientos de seguridad? Yo creo que no y muchos especialistas apoyan esta creencia, ya que eso podría crearle el problemático hábito de querer dormir con los padres. Pero, por supuesto, la última palabra la tienen usted y su pareja.

- Por último, si las pesadillas se tornan excesivamente recurrentes o le generan a su pequeño hijo reacciones inmanejables, no dude en consultarlo con el pediatra.

En síntesis

- Las formas y estrategias para hacer dormir a un bebé varían de acuerdo a la etapa en que se encuentre.

- En los primeros tres meses será él básicamente quien marque el ritmo sueño-vigilia. Sin embargo, es importante que usted le refuerce y diferencie las ideas y sensaciones que diferencian el estar despierto de el estar dormido.

- Entre los 3 y 6 meses se irá estabilizando el sueño en uno nocturno y tres o cuatro siestas a lo largo del día. Debe seguir manteniendo y reforzando la diferenciación entre el estado de sueño y el de vigilia.

- Entre los 6 meses y el año es un punto clave para establecer horarios y rutinas que podrán mantenerse durante, prácticamente, toda la niñez.

- A partir del año, se estabilizará aproximadamente en un sueño nocturno de 13 horas y una siesta luego del almuerzo.

- Las pesadillas son algo normal en los niños, pero es fundamental que usted o su pareja atiendan los sentimientos del pequeño al respecto.

Capítulo 10

¿Qué hacer cuando el bebé llora?

En general, los recién nacidos y los bebés de pocos meses, lloran. Y algunos de ellos suelen llorar mucho. Y eso desespera a madres y padres, fundamentalmente porque no entendemos qué nos quieren decir con su llanto. ¿Están muy doloridos o simplemente molestos? ¿Reclaman cariño y atención o están muy abrigados? Para empezar a entender el llanto de nuestro bebé, es importante saber que no siempre y necesariamente un pequeño llora porque le pasa algo verdaderamente grave. Lo que sucede es que, en las semanas y meses posteriores al parto, el llanto es un efectivo modo de expresión del bebé, que aún no puede comunicarse hablando, tal como lo hacemos los adultos. Como no puede decir: "me duele la panza", "quiero dormir" o "ensucié mis pañales", entonces, llora, grita y agita su cuerpo. Y a veces papás y mamás no sabemos qué hacer ante eso.

Hasta hace poco, las madres eran las "expertas" en llantos infantiles y, de hecho, la mayor parte de las encuestas revelaban hasta hace un par de décadas que, si bien las tareas de cuidado de un hijo comenzaban a ser compartidas, la de levantarse en medio de la noche ante el llanto filial, seguía siendo responsabilidad materna. Sin embargo, ahora eso también está cambiando. Cada vez somos más los hombres que debemos solucionar los accesos de llantos de nuestros críos. Por ello, comenzar con un buen muestrario de las causas más frecuentes por las que llora un bebé y sus consabidas soluciones no resulta mala idea.

Motivos del llanto y sus soluciones en el bebé recién nacido y de pocos meses

Los motivos de llanto de un bebé recién nacido y de pocos meses, suelen estar asociados a causas casi siempre físicas. También las hay de las otras (psicológicas o afectivas) pero lo cierto es que estas se harán más comunes luego del cuarto mes de vida. Pero ese pequeño que llora varias veces por día desde que lo trajeron de la clínica o el hospital en donde nació, seguramente lo hace por alguna de las causas que le menciono a continuación.

Hambre

El hambre suele ser el motivo más común por el cual llora un bebé. Si el llanto se produce en un horario cercano a la toma, seguramente la leche será la solución. Así que a ofrecerle una reconfortante mamadera.

Cambio de pañales

Lo segundo a hacer ante un bebé que llora es fijarse si no ha ensuciado los pañales y llora por la incomodidad que esto le provoca. Si ese es el caso, seguramente cuando se los cambie el llanto terminará. Si estos aún continúan limpios habrá que seguir con la investigación.

Sueño o cansancio

Si el bebé lleva despierto más tiempo de lo acostumbrado, estará seguramente muy cansado y molesto. Y su llanto es una señal que significa que necesita que alguien lo ponga a dormir.

Sed

Si su hijo llora, le ha dado de comer hace poco y tiene sus pañales limpios, ofrézcale un poco de agua hervida. Si la toma, déjelo hacerlo sin ponerle límite, pero no lo fuerce si la rechaza. Tenga en cuenta que, si el niño se encuentra afiebrado, es muy posible que su sed aumente.

Gases

También es probable que tenga gases y que llore por las molestias que eso le provoca. En ese caso, acuda a "hacerle la ranita": colóquelo acostado boca arriba y flexiónele las piernas repetidas veces contra el vientre para facilitarle la expulsión. Y, por supuesto, nunca lo haga sin que tenga el pañal puesto. Eso le evitará accidentes en caso de que el bebé expulse otras cosas además de gases.

Frío o calor

En los primeros meses de vida los bebés son extremadamente sensibles a las variaciones térmicas. Por eso, mantenerlos en ambientes con temperatura templada, constante y libres de corrientes de aire suele evitar el llanto por estas causas.

Ropa incómoda

Esta es una de las causas de llanto de bebé que más me ha asombrado como padre, ya que antes de serlo jamás se me habría ocurrido que alguien podría llorar por ello. Pero así es: chequee que su bebé no tenga el cuello, los puños, la cintura ni los tobillos marcados por algún elástico y que no tenga ropa de más. A veces, en nuestro afán por cuidarlos y que no pasen frío los abrigamos en exceso y el pequeño de pocos meses sólo puede decirnos con llanto lo mal que se siente por ello.

Falta de chupete

Razón simple, solución simple. Si su hijo no tiene el chupete puesto, tal vez el llanto se remedie con algo tan simple como colocar en su boca este elemento casi mágico para el bienestar del bebé.

Miedo

Un movimiento brusco o un ruido fuerte pueden asustar al bebé y provocarle llanto. En estos casos, anule el estímulo que provocó el susto y confórtelo acunándolo y hablándole en voz baja o cantándole.

Fundamental: siempre atender el llanto

Siempre que su bebé llore, acuda sí o sí a ver qué es lo que sucede o, mejor dicho, le sucede. No dé por sentado que todo bebé llora y que, por lo tanto, no debe ser motivo de preocupación. Atender el llamado que constituye el llanto de su hijo le permitirá asegurarse de que el origen de las lágrimas sea algo sin importancia que se soluciona fácilmente y en un par de minutos, como los casos que relato líneas más arriba o, por el contrario, que el llanto está teniendo su origen en alguna enfermedad o dolor que merece atención médica. Si el bebé que llora se encuentra pálido, sin apetito, con fiebre o decaído, llame al médico. Y además, aprenda a "instruir" a su oído masculino para distinguir un llanto rutinario de otro que se origina en el dolor o la enfermedad. En general, el llanto de un bebé enfermo se distingue del de uno sano ya que, en este último caso, los gritos son sonoros y vigorosos mientras que, cuando hay una enfermedad, el sonido del llanto se asemeja más a un quejido.

Los cólicos

Durante los primeros meses de vida los cólicos suelen ser también un diagnóstico común sobre la causa de las sesiones de llanto diario, sobre todo si el médico o la enfermera en cuestión se enfrentan a un bebé llorón. Ahora: ¿qué es un cólico? Parece que ni los mismos médicos saben a ciencia cierta de qué se trata, pero es el nombre que se utiliza para denominar a los ataques de llanto muy frecuentes durante los primeros meses de vida y cuya causa es verdaderamente desconocida, aunque parece estar en problemas digestivos. Estos cólicos se caracterizan por gritos, llanto y agitación. El bebé llora y vocifera a un volumen realmente considerable, su rostro se pone colorado y agita sus manos y piernas. A veces se calman cuando el niño elimina materia fecal o gases, y es por eso que los médicos suponen un origen digestivo del problema; otras, cuando se lo toma en brazos y se lo conforta mientras que, en algunas ocasiones, no parece haber manera ni método para que el niño deje de llorar. Generalmente cesan a partir del cuarto mes. Los médicos suelen paliar el problema con medicamentos digestivos y, eventualmente, con algún tipo de calmantes. Por supuesto, lo fundamental es no proporcionarle absolutamente ningún tipo de medicamento que no haya sido prescripto por el médico. Tampoco "tecitos de hierbas": tienen principios activos que pueden hacerle mucho daño al delicado cuerpo de su bebé.

A partir del cuarto mes

Aproximadamente una vez que el niño cumple los cuatro meses las sesiones de llanto tienden a hacerse cada vez menos frecuentes. Las razones de ello son varias. Por un lado, el sistema nervioso se fortalece y, por lo tanto, tolera mejor situaciones y estímulos que de más pequeño lo enervaban o le causaban mucho miedo y, por otro, su propio desarrollo y evolución le van acercando otras maneras de expresarse que, de forma paulatina, van reemplazando al llanto. Lo cual no quiere decir que su hijo deje de llorar. Sí quiere decir, en cambio, que lo hará en menor medida y por diferentes razones. A las ya mencionadas que, seguramente, continuarán estando presentes, el bebé suele sumar otras más vinculadas a lo psicológico y/o emocional que a lo meramente físico. ¿Cuáles? Aburrimiento, demanda de atención o, lisa y llanamente, necesidad de mimos. Por ello, si usted ha comprobado que todas las causas anteriores (pañales sucios, hambre, gases, etc.) no han provocado el llanto, pruebe con algunas de las siguientes tácticas:

- *Unas palmaditas, unas palabras dichas en voz baja o un arrumaco.* Tal vez sólo necesita saber que no está solo y que su papá está cerca para cuidarlo y confortarlo.

- Un contacto físico más prolongado también puede calmar su llanto. ¿Qué tal unos *masajes suaves* con un poco de fécula o talco para bebés?

- Un *paseo* casi siempre es bienvenido debido a que, además de atención, se le prodiga distracción. Puede ser uno breve y simple por la casa mientras lo tiene a upa u otro más ambicioso, en cochecito y por el barrio.

- Una *música tranquila* puede también ser una excelente opción. De la misma manera en que los adultos nos relajamos con ella, sucede con los niños pequeños.

- Una alternativa asombrosa, pero que me ha funcionado muchas veces: *léale* a su bebé y hágalo de manera expresiva. Él no entenderá (en el sentido adulto) cada una de las palabras que usted dice, pero si pone expresión y amor en la lectura, el bebé lo sentirá como una "atención" que se le prodiga y también se entretendrá con los cambios en su tono de voz y en las expresiones de su rostro al leer.

En síntesis

- La presencia de un bebé en casa (especialmente durante los primeros meses) implica que el llanto sea una suerte de "música funcional" que se conecta a veces con mayor frecuencia y otras con menos.

- Ese llanto puede tener causas diversas y cada una de ellas supone una solución distinta.

- Algo que nunca debe hacer es pasar por alto el llanto del niño, por más frecuente que este sea: vaya hasta él, averigüe la causa y remédiela.

Capítulo 11

Juego, estimulación y contacto

Ser un papá moderno y actual que deja de lado el rol distante y estereotipado que funcionó durante siglos en pos de ser un papá cercano, no implica solamente hacer tareas en cierta medida "desagradables" como cambiar pañales y remediar llantos. También supone construir y propiciar momentos de puro goce y disfrute donde se imponen el juego, la estimulación, la diversión y la comunicación. Dicho en un tono más coloquial: llegó la hora de disfrutar jugando con su bebé y aquí le muestro cómo hacerlo. Claro: porque no se trata de que le enseñe a su bebé cómo jugar a las cartas o a su juego de mesa favorito, sino que usted deberá ir ayudando y apuntalando el crecimiento y desarrollo del pequeño con juegos, actividades y actitudes que harán que ambos pasen un rato divertido, al tiempo que él desarrolla sus potencialidades y ambos nutren el importante vínculo que los une: padre-hijo.

En este capítulo, básicamente, le contaré cuáles son algunas de las maneras en que, dependiendo de las edades de su pequeño, usted puede estimular su desarrollo a través de divertidos juegos y actividades.

Durante el primer mes

* Háblele lo más que pueda y mantenga esa actitud a lo largo de todo el primer año. Aunque su bebé no pueda entenderlo cabalmente, eso reforzará el vínculo entre ustedes y le facilitará al pequeño la adquisición del lenguaje al familiarizarlo con las palabras. Cuando le hable, realice pausas como esperando una respuesta y haga como si efectivamente le respondiera. Seguramente, usted ya ha visto alguna mamá o abuela hacer esto y ya sabe de qué le estoy hablando. Es como jugar al diálogo.

* Tenga contacto corporal con él. Tóquelo, hágale arrumacos, dele masajes, abrácelo. Eso también intensificará el vínculo entre ustedes, lo hará sentir seguro, querido y contenido y, además, ayudará a su pequeño hijo a ser más consciente de su cuerpo y de las sensaciones de tacto y movimiento.

* Póngalo de espaldas sobre la cama o una superficie similar, tómelo de las manos y tire muy lentamente hacia usted, de forma tal de sentarlo. Luego, también en forma muy lenta, vuélvalo a acostar. De esa manera, estará colaborando a desarrollar sus movimientos.

* Instale un colorido móvil sobre su cuna, aproximadamente a 50 cm de los ojos del pequeño. Con ello estimulará su vista y, si él intenta tocarlo, también el desarrollo de sus músculos.

* La música es siempre bienvenida. Escoja ritmos suaves y tranquilos para calmarlo o hacerlo dormir y, por el contrario, otros movidos y enérgicos para cuando se encuentra despierto y usted desea que la música cumpla un rol de estimulación y distracción.

A partir del segundo mes

- Por supuesto, continúe con todo lo descrito hasta ahora, sobre todo con aquellas cosas que usted ha comprobado que resultan más motivadoras y estimulantes para su hijo. A veces, sucede que algunos bebés no se sienten demasiado atraídos por la música, pero sus ojos brillan al mirar un móvil y sus manos se deshacen en movimientos para alcanzarlo. Aprenda a detectar qué es lo que a su hijo le resulta más interesante, para hacer hincapié en ello. Lo que le resulte menos motivador, déjelo de lado por un tiempo (un par de semanas, por ejemplo) y vuelva a la carga luego. Los bebés cambian con una rapidez asombrosa y lo que quizás no le parecía atractivo un día, dos semanas después lo fascina.

- Colóquelo boca abajo sobre la cama o una superficie similar de forma tal de que mueva y desarrolle brazos, piernas y abdominales.

- Ayúdelo a incorporarse y sostenga su cabeza sosteniéndolo por la nuca.

- Tómelo de las manos, júnteselas y vuélvalas a separar.

- Acuéstelo boca arriba y muévale las piernas suavemente de abajo hacia arriba y en sentido inverso.

- Dele su primer sonajero y déjele aprender para qué sirve. Tenga en cuenta que, cuanto más colorido sea, además de su sentido auditivo también estimulará su vista.

- Ofrézcale otros juguetes grandes y coloridos.

- Póngale el chupete en la mano para que él mismo intente llevárselo a la boca.

- ¿Se anima a cantarle a su bebé? No hace falta que sea un cantante profesional ni especialmente bien afinado. Sólo se trata de encontrar un medio más de contacto y estimulación. Si lo hace, no lo haga en volumen muy alto (el pequeño podría asustarse) y mírelo a los ojos mientras entona la canción. Y si no se anima con ninguna canción hecha y derecha, ponerle cierta melodía a un par de palabras mientras lo mira y mueve su propia cabeza de lado a lado, cumplirá igual función.

- Repita los sonidos que hace su hijo de manera tal que pueda practicar esos sonidos con usted.

- Llévelo a lugares públicos donde pueda percibir la presencia de otras personas que no pertenecen a su núcleo familiar: una plaza, un centro comercial, un banco, etc. Eso hará que su bebé vaya familiarizándose con el mundo exterior y se haga menos temeroso.

Algunas maneras de reforzar el vínculo padre-hijo en el primer año de vida

- Tómese todo el tiempo necesario para mirar a su bebé, de la cabeza a los pies.

- Fíjese en las expresiones de su rostro e intente descifrar lo que significan.

- Simplemente, quédese quieto y callado y escuche la respiración de su pequeño.

- Coloque su cabeza contra el pecho de su hijo y escuche los latidos de su corazón.

- Mírelo dormir.

Entre los 3 y 5 meses

- Coloque una frazada en el suelo en algún lugar que usted pueda supervisar e instale al bebé encima de ella con algunos de sus juguetes preferidos.

- Cuando el pequeño se encuentre allí (y en otros momentos u ocasiones también, por supuesto) juegue a esconderse y luego a salir, realice ruidos graciosos, etc.

- Ofrézcale juguetes que emitan sonidos cuando se los aprieta.

- Coloque trozos de tela de distintos colores, texturas y tamaños en una caja y ofrézcasela a su hijo. Se sorprenderá la cantidad de tiempo que el pequeño puede entretenerse investigándola.

- Cuando le cambie los pañales sóplele ruidosamente en la barriga colocando los dedos a modo de bocina. Tal vez nunca se sepa por qué, pero lo cierto es que la inmensa mayoría de los bebés se mata de risa con esto y los disfruta en grande.

- Sujételo con firmeza en posición erguida (por ejemplo, de las axilas) para que él pueda mover sus piernas y se vaya preparando para caminar. Puede hacerlo en cualquier momento, pero el del baño es casi el ideal, de modo tal que además pueda chapotear a gusto.

- Ofrézcale superficies espejadas para que se vea en ellas. Un espejo de vidrio implica cierto riesgo, pero podrá solucionar el tema pegando sobre un cartón un trozo de papel de aluminio de esos que se utilizan para poner la comida al horno.

- Muéstrele objetos y nómbrelos lentamente mientras lo mira a los ojos. Por ejemplo, tome un vaso y dígale: "Va-so".

- De manera similar, nombre a las personas de su entorno familiar cuando estas lleguen. Cuando arribe su pareja, señálela y dígale a su hijo: "Mamá". Estas dos últimas actividades favorecerán el desarrollo del lenguaje.

Entre los 6 y 7 meses

- Este es un buen momento para que su pequeño hijo comience a relacionarse con los libros. Hoy en día existen excelentes alternativas no sólo de volúmenes ilustrados con múltiples y atractivos colores, sino también de ingeniosos libros irrompibles confeccionados en plástico que soportan todo tipo de trato por parte de las manos infantiles y hasta pueden ser mojados impiadosamente sin que sufran daño alguno.

- Para continuar colaborando y propiciando el desarrollo de sus movimientos y musculación ya son posibles los siguientes ejercicios:
    - Coloque al bebé boca abajo (siempre bajo su supervisión) sobre una superficie no muy dura (un piso de madera, por ejemplo) y déjelo para que se arrastre o gatee.
    - Cuando se encuentre boca abajo tómelo de las piernas y levánteselas para que el bebé pueda avanzar sobre sus ma-

nos. Como cuando de pequeños jugábamos a la carretilla ¿se acuerda?

- Enséñele y ayúdelo a pararse, apoyándolo en un banco, el costado de la cama o cualquier otro mueble que le sirva para el mismo propósito.

- A riesgo de ser por un rato el malo de la película, quítele algún juguete u objeto con el que esté jugando y déjelo cerca para que lo vuelva a tomar.

- Para seguir estimulando la adquisición del lenguaje comience a hablarle con estructuras de pregunta-respuesta. Por ejemplo, muéstrele una manzana a su hijo y dígale "¿Qué tiene papá en la mano?" haga una pausa y luego responda: "Tiene una manzana".

- Otra buena y entretenida idea para propiciar la adquisición y el desarrollo del lenguaje en esta etapa es armar especies de mini-tours por algún lugar cercano (el jardín de la casa, el supermercado del barrio, una plaza) e ir nombrando lo que se señala. Por ejemplo, tome a su hijo en brazos y recorra el jardín de su casa mientras señala y anuncia: "Eso es una flor roja, aquel es un árbol, allí están las sillas", etc.

- Para seguir favoreciendo el desarrollo de la sociabilidad de su bebé (y también la suya propia ¿por qué no?) puede hacer lo siguiente: organice una reunión con padres con hijos de edad similar al del suyo. Tal vez haya quedado, como es mi caso, en contacto con compañeros del curso de preparación para el parto y reunirse con ellos y sus hijos constituirá una excelente ocasión para que los pequeños sociabilicen entre sí y usted comparta vivencias con sus pares.

Entre los 8 y 9 meses

• Continúe ampliando el círculo de los juguetes con los que su hijo puede jugar. Y tenga en cuenta que "juguete" no necesariamente implica la idea de objeto comprado en la juguetería. Muchas veces, los niños se sienten más entretenidos, curiosos y estimulados por un objeto cotidiano que por un caro juguete pensado especialmente para ellos. Lo cierto es que esta etapa es una suerte de festival de juego para los niños quienes se sentirán a gusto jugando con:

  – Cajas de cartón o ensaladeras de diferentes tamaños. Si son de colores vivos y diversos, mejor.

  – Pelotas de distintos tamaños hechas con papel de aluminio abollado o con papel colorido para forrar libros o envolver regalos.

  – Carteras que su pareja tenga en desuso y que le permitan investigar al niño cómo se abren y se cierran.

  – Un viejo teléfono a disco o una calculadora en desuso, esta última siempre sin pilas, por supuesto.

  – Objetos para apilar, como los consabidos cubos de plástico de diferentes tamaños.

  – Instrumentos musicales especialmente diseñados para niños pequeños: tamborcito, xilofón, etc.

  – Bolsas de red, de esas que usábamos para ir de compras cuando no existían las descartables de plástico.

  – Envases de yogur y de postrecitos.

• Proporciónele témperas de diferentes colores, grandes papeles y muéstrele cómo hacer manchas con ambos.

• Para continuar favoreciendo el desarrollo de sus movimientos y su musculación, siéntelo sobre la cama, tómele los pies y levántelos suave pero firmemente. El pequeño irá perdiendo el equilibrio hasta que caerá, pero no se hará daño y el esfuerzo realizado para no caer será un buen ejercicio. Si se asusta y llora o muestra disgusto, suspenda el ejercicio y retómelo unos días después.

- Continúe propiciando la adquisición y el desarrollo del lenguaje de todas las maneras efectuadas hasta ahora; léale, háblele lo más posible, etc.

> Nunca le dé a su hijo algo para jugar que pueda introducirlo en la boca y ahogarle. Prohibidos los objetos pequeños tal como los botones.

Entre los 10 meses y el año

- Colóquele objetos o juguetes envueltos en papel y ofrézcaselos, de forma tal que deba desenvolverlos para jugar con ellos.

- Ponga alguna música que usted ya sepa que es del agrado de su hijo y enséñele a seguir el ritmo con las manos.

- Extienda su mano y pídale que le alcance algo que se encuentra cerca de él, siempre nombrándolo. Por ejemplo: "Nahuel, dame la cuchara". Cuando el niño lo haya hecho, dele las gracias.

- Continúe estimulando y perfeccionando su capacidad de caminar. En esta etapa, seguramente su pequeño ya ha hecho importantes avances al respecto y lo más probable es que la mejor forma de ayudarlo sea colocándose usted por detrás y tomándolo de las manos, las cuales estarán extendidas hacia arriba. Pero eso es algo que deberá chequear con su bebé, ya que no todos evolucionan de la misma manera y a la misma velocidad.

- Estimúlelo (siempre bajo su cuidado y supervisión) a investigar distintas posibilidades de movimiento: esconderse bajo la cama, subir una escalera, etc.

- Enséñele a jugar con agua. Ofrézcale diferentes botellas y recipientes de plástico y muéstrele cómo se puede pasar el líquido de uno a otro.

En síntesis

- Los juegos y actividades pueden cumplir diversas funciones y entre las más importantes se cuentan favorecer el desarrollo de su bebé y, cuando las realizan juntos, reforzar el vínculo padre-hijo.

- Saber cuáles son las adecuadas a cada edad y momento de desarrollo le permitirá sacar el máximo provecho de esos amenos y divertidos ratos en que se dediquen a jugar y a conectarse.

Capítulo 12

Transportando al bebé

Todos los bebés (salvo alguna rara excepción) disfrutan mucho paseando, viendo las cosas nuevas que el mundo exterior tiene para ofrecerles y escuchando sonidos que no están presentes en su hogar. Y tenga por seguro que usted puede disfrutar con él. En este capítulo le ofrezco una serie de tips para que viaje más cómodo y seguro con su pequeño hijo, tanto para dar la vuelta a la manzana como si de abordar un avión se trate. Y las opciones intermedias también.

Las primeras salidas

¿Cuándo comenzar a explorar el mundo con su pequeño hijo? A partir de que cumple su primer mes. Efectivamente, la mayoría de los pediatras aconsejan no sacar al bebé del hogar durante las cuatro primeras semanas de vida. Luego, sí podrá efectuar con él todos los paseos que desee, siempre y cuando la temperatura ambiente no sea muy baja y, por supuesto, siempre que el pequeño no se encuentre enfermo.

¿De qué manera transportarlo en esos primeros paseos? Mi respuesta, basada en la experiencia propia, es terminante: con el cochecito o con la mochila portabebé.

Con relación al *cochecito*, si bien en un principio usted puede sentirse un tanto extraño manejando y maniobrando ese pequeño carro que lleva a su hijo sobre él, le aseguro que vale la pena hacer el esfuerzo de ponerse práctico y acostumbrarse. Llevarlo en brazos será muy cansador para usted y, peor aún, peligroso para su pequeño. Piense que usted puede tropezarse con una baldosa floja (si vive en Buenos Aires como yo, entenderá bien de qué le hablo) y ello podría hacer que trastabillara y que... bueno: usted me entiende, y yo no quiero ponerme morboso. El cochecito tiene además una enorme ventaja para los tiempos invernales y los días lluviosos: se puede recubrir con gruesos plásticos especialmente diseñados para ello, que protegen al bebé de las inclemencias climáticas.

Si esa es la opción elegida, existen ciertas pautas referentes a la seguridad que debe conocer y tener en cuenta. Son las siguientes:

- Verifique periódicamente que las ruedas y los frenos estén en buenas condiciones.

- No instale al pequeño en él sin antes verificar que los frenos estén bien bloqueados.

- No ponga otros objetos debajo de la silla, porque podrían ejercer contrapeso e inclinar el cochecito hacia uno de los lados.

- Coloque siempre los frenos antes de detener la marcha para evitar posibles deslizamientos.

- No deje nunca al bebé solo en el cochecito.

La *mochila portabebé*, por su parte, suele producir extraños sentimientos de pudor paterno por estas latitudes, no así en el hemisferio Norte, donde la paternidad moderna se encuentra más a la orden del día. Pero, lo cierto es que es un método de transporte que ofrece ventajas muy remarcables, entre las cuales pueden tal vez destacarse dos: desde lo afectivo, incrementa el contacto corporal entre padre e hijo y, desde el punto de vista práctico, le deja a usted las dos manos libres, cosa que no sucede con el cochecito. Estas mochilas vienen en muy diversos diseños y tamaños, y si esa es la opción elegida por usted, le recomiendo firmemente que se dirija a un local que las venda y que allí pregunte sobre precios, posibilidades, etc. Y, por supuesto, también le recomiendo ampliamente que se las pruebe.

Consejo de padre avezado

Sea en brazos, en cochecito o con mochila portabebé, siempre que salga con su hijo de meses, lleve consigo un biberón con agua hervida. Es posible que su hijo tenga sed en algún momento del paseo.

Viajar en coche

Si va a viajar con su bebé en auto, el pequeño debe ir siempre y sin excepción alguna en el asiento trasero y en su correspondiente sillita especialmente fabricada con ese objetivo. Esa es una medida de seguridad absolutamente imprescindible.

Si el viaje es largo (sea en automóvil, micro o tren) recuerde llevar el consabido biberón con agua hervida, y también uno con leche, o con alguna de las comidas que habitualmente ingiera su bebé guardada en un recipiente hermético. No olvide tampoco llevar pañales, todos los elementos que utiliza en cada cambio y toallas de papel por si el pequeño regurgita.

Bebé en vuelo

Si desea hacer un viaje en avión con su bebé no hay inconveniente alguno para ello. Pero tener algunos datos y consejos de alguien que lo hizo en su momento (viajamos de Buenos Aires a México cuando Dante tenía 7 meses) podrá serle de gran ayuda.

- Un bebé puede viajar desde los 15 días de vida y, hasta los 2 años, lo hace sin asiento asignado. Por lo tanto, no paga pasaje, pero sí seguro de viaje. Asimismo, debe sacar tarjeta de embarque.

- Al reservar asiento, opte por los lugares que se encuentran inmediatamente después de la clase ejecutiva. Tienen más lugar al frente para estirarse y, por lo tanto, resultan más cómodos, punto primordial si se viaja con un niño pequeño.

- Lleve con usted la sillita que utiliza para que el niño viaje en el asiento trasero del auto. La mayoría de las compañías aéreas permiten que el bebé tenga su propio asiento, en caso de que queden algunos disponibles una vez que el vuelo ha despegado.

- No se olvide de darle agua hervida a lo largo de todo el viaje. El aire del avión es muy seco y no le hace bien al bebé. Por lo tanto, viaje con uno o varios biberones de agua hervida, dependiendo de la duración del viaje.

Algo a tener en cuenta

Viajar con bebés y niños pequeños puede ser algo muy hermoso... o una pesadilla. Y es bueno que lo sepa. En principio, porque los bebés y los niños pequeños aman las rutinas que organizan su mundo y su vida, y rompérselas puede enojarlos... y mucho. Por otro lado, es necesario tener en cuenta que en aviones, trenes y hoteles los bebés se encontrarán expuestos a nuevos gérmenes que no existen en su lugar de residencia. Por ende, corren mayor riesgo de enfermarse.

En síntesis

- Es conveniente que no saque a su bebé al exterior antes de que cumpla un mes de vida.

- A partir de ese momento los paseos son muy bienvenidos. Se recomienda especialmente llevar al niño en un cochecito o una mochila portabebé.

- Si de viajar en coche se trata, el pequeño debe ir siempre y sin excepción alguna en el asiento trasero y en su correspondiente sillita especialmente fabricada con ese objetivo.

- Si bien no es lo ideal, a partir de los 15 días puede viajar con él en avión.

- Al realizar viajes largos (cualquiera sea el medio elegido para ello) recuerde llevar todo lo que el bebé necesitará, especialmente agua hervida o mineral para que beba y pañales para cambiarlo.

Capítulo 13

El niño crece

Ser un padre moderno en espera de un bebé implica (tal como lo expuse en la primera parte de este libro) re-pensar la idea de paternidad y comenzar a ponerla en práctica siendo un verdadero actor y no un mero espectador de dos momentos trascendentales: el primero de ellos, más largo, el embarazo y el segundo, más breve pero de una intensidad inusitada, el parto.

Ser un padre moderno con un bebé implica, en verdad, un tiempo de aprendizaje asombroso, pero de un trabajo por demás arduo. Se trata de cambiar pañales, dar mamaderas, esterilizarlas, adivinar e investigar las causas de los accesos de llanto en pos de remediarlos, y colocar ositos y otras prendas para bebés en un cuerpo pequeño y frágil.

A partir de que el niño empieza a caminar, deja sus pañales y comienza a hablar se abre otro mundo. Todo ello sucede, aproximadamente, entre el primer y el segundo año de vida y, a partir de allí, el trabajo y la tarea del padre (al igual que los de la madre) deberán variar. Para mí (y para muchos otros papás con los que conversé acerca del tema) es allí donde el trabajo se volvió menos arduo y entramos más de lleno en la enorme satisfacción de ser padres.

En algunos capítulos ya he comenzado a abordar cuestiones relativas a esas edades, pero ahora lo haré más de lleno y con más proyección de futuro.

¿Qué puede hacer un nuevo papá, un papá moderno para estar presente a partir de que su hijo ya no es un bebé sino un niño? Seguramente, muchas cosas. Algunas de las principales creo que son las siguientes.

Acompáñelo en el crecimiento

Esa es, sin dudas, la premisa más general y la que iré desagregando en todos los puntos siguientes. Pero es bueno tenerla como horizonte de expectativa general hasta, por lo menos, la entrada a la adolescencia: acompañarlo en su crecimiento, estar allí para cuando lo necesite. En suma: ser un padre presente. Seguramente, esa presencia no siempre podrá ser de la misma manera ni adoptar la misma forma o cobrar igual intensidad: a veces usted tendrá largas horas para compartir con su hijo y podrá perderse en charlas "improductivas" y juegos varios; en otras ocasiones, usted se verá más exigido por su trabajo y tal vez sólo lo vea un pequeño rato entre que usted llega de su empleo y él se va a dormir. Pero… .¡atención! Sería bueno que no generara nuevas actividades para ausentarse de su rol paterno. Muchos hombres, una vez que nacen sus hijos, se escudan en una suerte de carrera laboral que les demanda 14 horas por día en pos de que a sus hijos "no les falte". La resultante es, entonces, que a sus hijos no les falta buena comida, colegio privado, coche ni mucama en la casa que atienda sus requerimientos. Eso sí: les falta un padre, al que sólo ven los fines de semana, si es que tienen la suerte de que no deba presentarse en la oficina durante el sábado a lidiar con el trabajo pendiente que otros empleados no desean realizar. Por ello, recuerde: estar junto a su hijo es importante, muy importante. Para él, pero también para usted, ya que se trata de una sinergia: en ese tiempo compartido él se construye como hijo y usted como padre. Por ello, acompañarlo en su crecimiento es fundamental: sea un padre presente.

Comparta con él todo el tiempo posible

En este punto no voy sino a expandir un poco más el anterior y a atreverme a relativizar algo que he escuchado infinidad de veces, tanto de boca de psicólogos como de padres y madres que nada tenían que ver con la psicología. Una frase, un lugar común del cual descreo bastante y es el siguiente: "Lo importante, no es la cantidad de tiempo que pasamos con nuestros hijos, sino la calidad". Si me permiten, creo que lo importante son las dos cosas y a eso debemos tender: a ofrecerles a nuestros hijos calidad y cantidad de tiempo compartido. A veces nos saldrá mejor y otras no tanto. Pero creo que no vale escudarse en esa frase para estar poco con nuestros hijos excusándonos en que el tiempo que sí efectivamente compartimos con ellos es de gran calidad. Nuestros hijos nos necesitan como padres presentes en momentos de gran calidad y también en momentos de calidad "estándar". Además, no todo momento compartido entre padres e hijos debe ser de gran calidad. A veces se trata, simplemente, de estar en silencio leyendo el diario mientras ellos están a unos metros haciendo la tarea escolar: simple, cotidiano, sin estridencias. Pero presentes.

Tengan sus momentos propios

Y privados. Es importante que usted comparta (no siempre, pero sí con una asiduidad considerable) momentos a solas con su hijo. Por supuesto, también es fundamental que pasen muchos otros con su pareja y también con los hermanitos en caso de que los hubiera. Primos, tíos y amiguitos también serán más que bienvenidos en sus momentos. Pero sería bueno que su hijo pudiera "atesorar" momentos que ha pasado con usted en privado: tal vez el rito de ir a pescar de tanto en tanto, una función de cine de fin de semana, etc.

Entienda y practique el autocuidado como ejemplo

Este nuevo modelo de paternidad es también una invitación al autocuidado. Al compartir más tiempo con nuestros hijos los padres debemos ahora tener más conciencia que nunca de que uno de los mecanismos principales de aprendizaje es la imitación. Los niños imitan lo que ven en sus modelos y, por lo tanto, usted –en tanto referente fundamental del pequeño– deberá mostrar una actitud de autocuidado digna de que él emule. Dicho con ejemplos y de manera concreta: no se exceda en el consumo de alcohol, ingiera comida saludable y en la medida de lo posible no fume. Su hijo tendrá de esa manera en usted un buen ejemplo a imitar.

Compartan juegos y actividades

- Vaya a la plaza con él. De esa manera podrá compartir momentos de juego y, al mismo tiempo, cuidarlo para que no sufra algún desagradable accidente en la hamaca o el tobogán. Por supuesto, ese es un buen lugar para que él haga nuevos amiguitos y es posible que usted también pueda trabar amistad con algún otro "padre moderno" que esté allí por las mismas razones que usted.

• Permita que lo ayude en las tareas. Aquello que para usted es simplemente "hacer algo en la casa" puede convertirse en una instructiva aventura para su pequeño hijo y, lo que es mejor, pueden compartirla. Sostener la manguera para regar el césped del jardín o alcanzarle parte de las compras para guardarla en la alacena puede convertirse en un excelente momento.

• Léale al niño cuentos sencillos con ilustraciones o con ventanas que él pueda levantar.

• Ayúdelo (para no dañar la máquina) a tomar fotografías y, luego, mírenlas juntos en el visor de la misma o bájenlas a la computadora para verlas en mayor tamaño.

• Concurran juntos al supermercado, llévelo a alguna librería (especialmente a aquellas que poseen un sector infantil con mesitas y sillas bajas), vayan a una muestra de arte o un espectáculo deportivo.

Miren juntos televisión

¿Ha notado que siempre se dice, aún en la misma televisión, que no es bueno que los niños pasen mucho tiempo frente al aparato sin una guía adulta que los ayude al respecto? Bueno:

aproveche el buen consejo para compartir más tiempo con su hijo. Fíjese qué programas son adecuados para la edad de él, prepare una comida rica y saludable, y siéntense juntos a disfrutar de esa programación que usted ya ha chequeado. Luego, comente con él, el o los programas vistos. Sobran las ventajas para hacer esto: pasarán un rato juntos, compartirán una comida y un entretenimiento y usted podrá chequear que su hijo no esté mirando programas inadecuados.

Conozca su entorno

Vaya a las reuniones de padres, conozca la escuela, sepa quiénes son sus amiguitos, etc. Conocer el entorno que rodea a su hijo, le permitirá estar más en contacto con él al tiempo que tendrá más herramientas para cuidarlo.

Involúcrese en su seguimiento pediátrico

Participe de forma activa en el cuidado de la salud de su hijo. Ello implica una o varias de las siguientes alternativas: llévelo al pediatra cuando sea necesario, esté al tanto del calendario de vacunación, si su hijo está enfermo (por ejemplo, engripado) haga que recaiga sobre usted el control de la toma de medicamentos, etc.

Involúcrese en su rendimiento escolar

Hacerlo no implica solamente firmar el boletín en el momento correspondiente. Mire varias veces a la semana el cuaderno o los cuadernos de su hijo, concurra a algunas de las reuniones de padres que plantea el establecimiento al que su hijo concurre, ayúdelo en aquellas tareas para el hogar que su hijo no puede resolver solo, etc.

En síntesis

- A partir de que el niño deja los pañales, comienza a caminar y empieza a hablar se abre otro mundo de posibilidades. Tal vez, una etapa menos ardua y más disfrutable en la que usted podrá acompañar de manera distinta pero no menos importante el desarrollo y crecimiento de su hijo.

Índice

Prólogo... 5

Introducción- El surgimiento de la nueva paternidad 9
Algunas causas del surgimiento de la nueva paternidad....10
La conciencia de la importancia de un rol
paterno más activo.. 12
Características del nuevo padre....................................... 13
Agunos impedimentos para el
surgimiento de la nueva paternidad............................14
Nueva paternidad: ventajas para todos 16
La naturaleza está del lado de la nueva paternidad 19
Comenzando a entender la nueva paternidad:
para reflexionar 21

Parte I- Camino a ser un papá moderno 23

Capítulo 1- El nuevo padre durante el embarazo........... 25
Acompañe a su pareja a las clases
de preparación para el parto............................... 27
Comparta la consulta médica............................... 28
Contenga emocionalmente a su pareja 29
Prepare el cuarto del bebé.................................... 29
Preparando un cuarto muy especial 30
Concurra a la compra de ropa y el ajuar....................... 32
Cuide la alimentación de su pareja.............................. 32
Ayúdela en las tareas domésticas 33
Realice alguna actividad física con su pareja 34

Deje de fumar 34

Resérvese unos días libres para después del nacimiento ... 34

Dudas e inquietudes normales de
un futuro papá (para no sentir culpa)..........................35

El asombroso síndrome de couvade............................ 36

El sexo durante el embarazo...................................... 37

Tips para mantener viva la llama del deseo
a lo largo del embarazo 43

Capítulo 2- Un punto crucial: el parto 45

¿Los padres fuimos "expulsados" del parto
o nunca estuvimos?... 46

Para pensar durante nueve meses 47

Entender el parto.. 50

Cómo ayudar a su pareja en el pre-parto....................51

En la sala de partos... 54

Tipología de padres presentes en el parto 55

¿Y si el parto es por cesárea? 56

El corte del cordón. 57

Capítulo 3- Nuevo papá, nuevo bebé 59

Tiempo de puerperio 60

El sexo... 64

Cómo tener en brazos a un recién nacido....................67

Algunas ideas para papás de recién nacidos 69

Cómo tocar a un recién nacido 69

Alerta roja: razones para pedir ayuda
médico con un recién nacido. 70

Parte II- Guía práctica de nueva paternidad................. 73

Capítulo 4- A cambiar pañales 75

¿Descartables o de tela?..76

Dónde comprar los pañales descartables 76

Cómo cambiar el pañal...................................... 77

Cuándo cambiar el pañal.................................. 79

En síntesis.. 80

Capítulo 5- Bebé al agua: el baño...............................81

Equipo para bañar al bebé. 82

Cómo bañar al bebé 84

Con qué frecuencia bañar al bebé 86

¿Y si el bebé no se quiere bañar? 87

Juguetes en la bañera 87

En síntesis.. 88

Capítulo 6- Limpieza y cuidado del cordón umbilical.... 89

Conociendo el cordón...................................... 90

Higiene del cordón 90

Otros consejos y precauciones a tener en cuenta.............91

Secretos de padre avezado 91

En síntesis.. 92

Capítulo 7- Vestir al bebé.................................... 93

Curso básico... 93

Otro consejo... 95

En síntesis.. 95

Capítulo 8- La alimentación del bebé y del niño pequeño.. 97

Conociendo el equipo de alimentación del recién nacido. 98

Cómo preparar la mamadera 100

¿Se pueden calentar las mamaderas en el microondas?....101

Limpieza y esterilización de las mamaderas.................. 101

Importante! 102

Cómo dar la mamadera 103

¿Cuántas mamaderas por día debo darle? 104

El provechito 104

Un dato para la sorpresa:
los hombres pueden dar de mamar.................................104

A partir de los 6 meses..106

A partir del año 111

A partir de los 2 años...113

Trucos para cuando el niño no quiere comer.................114

En síntesis...115

Capítulo 9- Dormir al bebé......................................117

El recién nacido 117

Entre los 3 y 6 meses 118

Señales de que el bebé tiene sueño..................................119

Entre los 6 meses y el año 119

A partir del año 120

¿Qué hacer con las pesadillas?..120

En síntesis...122

Capítulo 10- ¿Qué hacer cuando el bebé llora? 123

Motivos del llanto y sus soluciones en el
bebé recién nacido y de pocos meses 124

Fundamental: siempre atender el llanto.........................126

Los cólicos..127

A partir del cuarto mes..127

En síntesis...129

Capítulo 11- Juego, estimulación y contacto................131

Durante el primer mes...132

A partir del segundo mes 133

Algunas maneras de reforzar el vínculo
padre-hijo en el primer año de vida................................134

Entre los 3 y 5 meses 135

Entre los 6 y 7 meses 136

Entre los 8 y 9 meses 138

Entre los 10 meses y el año 139

En síntesis...140

Capítulo 12- Transportando al bebé 141

Las primeras salidas..141

Consejo de padre avezado 143

Viajar en coche...143

Bebé en vuelo 144

Algo a tener en cuenta 145

En síntesis..145

Capítulo 13- El niño crece..147

Acompáñelo en el crecimiento 148

Comparta con él todo el tiempo posible........................149

Tengan sus momentos propios 150

Entienda y practique el autocuidado como ejemplo........150

Compartan juegos y actividades......................................150

Miren juntos televisión 151

Conozca su entorno...152

Involúcrese en su seguimiento pediátrico 152

Involúcrese en su rendimiento escolar 152

En síntesis..153